학원 갈 시간이 없는 분을 위한

개정판 **독학**
스페인어
첫걸음
1

박 철 著
한국외국어대 교수

ViM (주)진명출판사

머리말

오늘부터 스페인어를 배우게 되는 여러분에게 축하드립니다. 하나의 외국어를 배운다는 것은 또다른 세계를 얻는 것과 같으며 여러분의 인생에 새로운 비전을 던져 줄 것입니다. 스페인어는 영어 다음으로 세계에서 가장 많은 나라의 국어로 사용되고 있는 언어로서, 한시간이면 어느 단어나 문장도 정확히 읽을 수 있으며 쉽게 익힐 수 있는 말입니다. 오늘날 스페인어는 스페인과 중·남미 20여개국의 국어일 뿐 만 아니라 미국의 전지역에서도 통용되며, 아프리카의 일부 국가와 필리핀 등지에서까지 사용되는 중요한 언어라는 점을 알기 바랍니다. 특히 멕시코에서 아르헨티나까지 광활하고 자원이 풍부한 중·남미 대륙은 21세기 우리가 진출해야 할 지구상의 마지막 보루로서 스페인어라는 무기없이 이러한 나라들에 접근한다는 것은 불가능한 일입니다. 필자는 현행 고등학교 스페인어 교과서를 쓴 경험을 토대로 하여 누구라도 쉽게 배울 수 있도록 이 책을 만들었으며, 카세트를 들으면서 혼자 독학할 수 있도록 배려하였습니다.

이 책은 다음과 같은 내용으로 엮었습니다.

1. 본문은 난이도를 고려해서 쉬운 것으로부터 단계적으로 전개시켰으며 일상생활에 필요한 구어체 문장을 위주로 하여 꾸몄습니다. 초보자를 위한 교재이니만큼 10과까지는 모든 단어 및 문장 위에 우리말로 발음을 적어서 읽는 데 도움이 되도록 하였는데, 이것은 편의상 원음에 가까운 형태로 하였기 때문에 이를 참고로 하되 정확한 스페인어 발음은 카세트를 들으면서 익히기 바랍니다.

2. 본문 번역란과 함께 새로운 단어란을 각 과마다 두었고, 본문의 이해를 돕도록 본문 연구란에서 중요한 문장을 풀어서 설명하였습니다.

3. 문법해설란에서는 본문을 토대로하여 반드시 알아 두어야 할 기초문

법을 신중한 기획과 검토를 통하여 소개하였습니다.

4. 문장연습란은 본문에서 나왔던 문형을 약간씩 응용하여 복습할 수 있
   도록 엮었으니 반복하여 읽으면서 익히기 바랍니다.

5. 필수회화란은 본문에서 다루지 못한 중요한 일상용어 및 표현들을 정
   리하여 각과마다 소개하였으니 암기해 두면 유용하게 쓰게 될 것으로
   믿습니다.

6. 연습문제란은 종래 문법 위주식의 문제형식을 배제하고 각 과마다 쓰
   기 능력을 향상시키기 위해서 작문문제를 두었으며, 질문과 대답 형식
   의 실용 대화체의 문제들로 엮었습니다.

   스페인어는 여러 외국어들 중에서 가장 배우기 쉬운 언어로서 영어처
럼 발음을 배우는 데 시간이 걸리지 않으며, 문장구조도 그다지 복잡하
지 않기 때문에 본 교과서를 통하여 매일매일 익힌다면 아무 어려움 없
이 스페인어를 말하고 쓸 수 있다고 확신합니다. 본 책을 가지고 공부하
다가 궁금한 점이 있으면 언제라도 필자에게 문의해 준다면 흔쾌히 대답
해 드릴 것을 약속합니다.
   올해는 콜럼버스가 아메리카 대륙을 발견한 지 500년이 되는 뜻깊은
해입니다. 이제 여러분도 스페인어를 익혀서 21세기에 아메리카 대륙을
지식으로 정복하기를 바라겠습니다.
   끝으로 이 책의 출판을 위해 애써 주신 진명출판사의 안광용 사장님과
편집부 직원에게 감사드립니다.

                                        1992년 3월 1일

                                        미네르바 동산에서
                                        저자   朴 哲

차 례

머리말

기초편

문장편

독학 스페인어 첫걸음 1

기 초 편

ALFABETO

인 쇄 체		필 기 체		명 칭		발 음	비슷한 한국음
A	a	$\mathcal{A}$	a	a	아	[a]	아
B	b	$\mathcal{B}$	b	be	베	[b]	ㅂ
C	c	$\mathcal{C}$	c	θe	쎄	[θ] [s] [k]	ㅅ(ㅆ), ㄲ
Ch	ch	$\mathcal{Ch}$	ch	tʃe	체	[tʃ]	ㅊ
D	d	$\mathcal{D}$	d	de	데	[d]	ㄷ
E	e	$\mathcal{E}$	e	e	에	[e]	에
F	f	$\mathcal{F}$	f	efe	에페	[f]	ㅍ
G	g	$\mathcal{G}$	g	xe	헤	[g] [x]	ㄱ, ㅎ
H	h	$\mathcal{H}$	h	atʃe	아체	[−]	─
I	i	$\mathcal{I}$	i	i	이	[i]	이

J	j	$\mathcal{J}$	j	xota	호따	[x]	ㅎ
K	k	$\mathcal{K}$	k	ka	까	[k]	ㄲ
L	l	$\mathcal{L}$	ℓ	ele	엘레	[l]	ㄹ
Ll	ll	$\mathcal{Ll}$	$\ell\ell$	eʎe	엘예	[ʎ] [j]	ㄹ, 이
M	m	$\mathcal{M}$	m	eme	에메	[m]	ㅁ
N	n	$\mathcal{N}$	n	ene	에네	[n]	ㄴ
Ñ	ñ	$\tilde{\mathcal{N}}$	$\tilde{n}$	eɲe	에녜	[ɲ]	니
O	o	$\mathcal{O}$	o	o	오	[o]	오
P	p	$\mathcal{P}$	p	pe	뻬	[p]	ㅃ
Q	q	$\mathcal{Q}$	q	ku	꾸	[k]	ㄲ
R	r	$\mathcal{R}$	r	ere	에레	[r] [rr]	ㄹ, ㄹㄹ
—	rr		rr	erre	에~레	[rr]	ㄹㄹ
S	s	$\mathcal{S}$	s	ese	에세	[s]	ㅅ, ㅆ
T	t	$\mathcal{T}$	t	te	떼	[t]	ㄸ

U	**u**	𝒰	𝓊	u 우	[u]	우
V	**v**	𝒱	𝓊	ube 우베	[b]	ㅂ
W	**w**	𝒲	𝓌	ube 우베 doble 도블레	[b] [w]	ㅂ
X	**x**	𝒳	𝓍	ekis 에끼스	[s] [ks] [x]	ㅅ, ㄲ, ㅎ
Y	**y**	𝒴	𝓎	igriega 이그리에가	[j] [ʒ] [i]	이
Z	**z**	𝒵	𝓏	θeta 세따	[θ] [s]	ㅅ, ㅆ

* 스페인어의 알파벳은 모두 29개로 영어의 26개 알파벳 외에 **ch**,
  ll, **ñ**의 3개 자음이 더 많다.
* **rr**의 경우 알파벳은 존재하지 않는다. 왜냐하면 단어의 첫머리에
  올 경우는 **R**로 표시하기 때문이다.

스페인어 발음

Ⅰ. 모 음

1. 단모음

스페인어에는 모두 5개의 모음이 있다. 그 중에서 a, e, o는 강모음이고, i, u는 약모음이다. 강모음과 약모음의 구분은 음절 분해시 매우 중요하므로 반드시 구별해 줄 필요가 있다.

아 **a**	까마 cama	침대	까사 casa	집
에 **e**	에네로 enero	1월	뻬로 pero	그러나
이 **i**	보니또 bonito	예쁜	잉글레스 inglés	영어
오 **o**	요 yo	나	오호 ojo	눈
우 **u**	우노 uno	하나	루네스 lunes	월요일

2. 이중모음

이중모음이란 '강모음＋약모음', '약모음＋강모음', 혹은 '약모음＋약
모음'을 말하는데 모두 14가지의 이중모음이 있을 수 있다.

(1) 강모음＋약모음

아이 **ai**	아이레 **aire** 공기	아우 **au**	아우또부스 **autobús** 버스
에이 **ei**	레이노 **reino** 왕국	에우 **eu**	데우다 **deuda** 빚
오이 **oi**	보이나 **boina** 베레모	오우 **ou**	보우 **bou** 트롤어선

(2) 약모음＋강모음

이아 **ia**	꼬메디아 **comedia** 희극	우아 **ua**	아구아 **agua** 물
이에 **ie**	시엘로 **cielo** 하늘	우에 **ue**	부에노 **bueno** 좋은
이오 **io**	바리오 **barrio** 구역	우오 **uo**	안띠구오 **antiguo** 오래된

(3) 약모음＋약모음

이우 **iu**	시우닫 **ciudad** 도시	우이 **ui**	루이도 **ruido** 소음

3. 삼중모음

스페인어는 4가지의 삼중모음만이 있다. 이중모음처럼 삼중모음도 하나의 음절로 간주되며 강모음만이 음절의 핵이 된다.

이아이 **iai**	엔비아이스 **enviáis**	엔비아르 **enviar** 동사의 직설법 현재 2인칭 복수형
이에이 **iei**	엔비에이스 **enviéis**	엔비아르 **enviar** 동사의 접속법 현재 2인칭 복수형
우아이 **uai**	우루구아이 **Uruguay**	우루과이
우에이 **uei**	부에이 **buey**	황소

Ⅱ. 자 음

모음 a, e, i, o, u를 제외한 25개가 자음에 속한다.

스페인어의 자음은 유성음과 무성음으로 구분되는데 이것을 철자상으로 구분하면 다음과 같다.

유성자음 **b d g l ll m n ñ r rr v. y**

무성자음 **p t k f j s c z x ch q**

b
베

양순음으로 두 입술을 서로 붙였다 떼면서 발음한다.

바일레
baile 춤

베베르
beber 마시다

c
세

모음 a, o, u와 합칠 때는 연구개음으로 'k'의 발음이 되며 e, i와 합칠 때는 치간음으로 'θ'의 발음이 된다.

까사
casa 집

쎄나
cena 저녁식사

꼬모
como ~처럼

씨네
cine 영화관

꾸라
cura 신부

그 외에 cc가 될 경우에는 (kθ)의 음가가 된다.

악씨온
acción 행동

렉씨온
lección 학과

ch
체

경구개음으로 대개 'ㅊ'의 발음을 내는 것이 일반적이다.

무차초
muchacho 소년

꼬체
coche 승용차

d
데

잇소리음으로 ㄷ음을 내는데, 단어가 **d**로 끝나면 어미부분을 앞음절에 붙혀 발음한다.

시우닫
ciudad 도시

디네로
dinero 돈

f
에페(에훼)

순치음으로 우리말로는 표기하기 곤란하지만 'ㅍ'음과 'ㅎ'음 사이에 가깝다

까페
café 커피

푸에고
fuego 불

g
헤

연구개음으로 모음 a, o, u와 합치면 'ㄱ'의 발음이 되며, e, i와는 'ㅎ'의 발음이 된다. gue인 경우는 「게」로 gui의 경우는 「기」로 발음되며 gue나 gui의 경우라도 u 위에 두 개의 점(··)이 찍히면 「구에」, 「구이」로 발음한다.

가또
gato 고양이

헤네랄
general 장군

고따
gota 한방울

히라르
girar 돌다

아구아
agua 물

게−라 **guerra**	전쟁	베르구엔사 **vergüenza**	수치
기따−라 **guitarra**	기타	링구이스띠까 **lingüística**	언어학

h 아체

어떤 경우에도 발음되지 않는 무음이다.

오이 **hoy**	오늘	에르마노 **hermano**	형제

j 호따

연구개음으로 우리말로는 표기하거나 발음하기 어렵다. 목구멍이 아니라 배에서 힘을 주어 우리말의 'ㅎ'보다 강하게 발음한다.

까하 **caja**	금고	호벤 **joven**	젊은이

l 엘레

설측 치경음으로 혀를 입천장 끝에 붙였다가 떼면서 발음한다.

리브로 **libro**	책	로꼬 **loco**	미친 사람
빨로마 **paloma**	비둘기	말로 **malo**	나쁜

ll 엘예

설측 경구개음으로 스페인어의 표준 발음으로 calle의 경우 「깔−리예」와 비슷한 발음을 하나, 중남미에서는 「까−이에」라고 발음하는 것이 보통이다. 두음으로 나올 경우는 다르다.

까발요		씨가ー릴요	
caballo	말	cigarrillo	담배
요라르		유비아	
llorar	울다	lluvia	비

양순음으로 우리말의 'ㅁ'의 발음과 동일하다.

에메

m

무초		마노	
mucho	많이	mano	손

유성 비 치경음으로 우리말의 'ㄴ'과 같은 발음이다. 그러나
c, g, j, q 앞에 올때는 「응」 발음의 콧소리가 나오며, b,
m, p, v의 앞에서는 m(ㅁ) 발음이 나온다.

에네

n

노체		니뇨	
noche	밤	niño	어린아이
블랑꼬		상그레	
blanco	흰색	sangre	피
땅께		앙길라	
tanque	탱크	anguila	뱀장어
꼼보이		꼼미고	
convoy	호위	conmigo	나와 함께

유성 비 경구개음으로 우리말의 「냐」「뇨」「뉴」「녜」 등에
해당한다.

에녜

ñ

마냐나		니냐	
mañana	내일	niña	여자아이

빼

p

양순음으로 우리말의 '빼'에 해당되는 된소리이다. 영어에서처럼 「ㅍ」로 발음하면 안된다.

빠뺄
papel 종이

삐아노
piano 피아노

꾸

q

연구개음으로 반드시 que(께), qui(끼)로만 발음된다.

께
qué 무엇

끼엔
quién 누구

에레

r

단순 진동 치경음으로 발음시 혀끝과 치경 부위와의 접촉에 의해 발음되면서 성대가 진동한다. 우리말의 「ㄹ」과 같으나 단어의 첫머리에 올 때는 복합진동음 「rr」로 발음한다.

까라
cara 얼굴

까로
caro 비싼

로ー사
rosa 장미

에ー레

rr

복합 진동 치경음으로 단순 진동음보다 더 길게 발음하며 성대가 계속 진동한다. 단어의 첫머리에 Rr 같이 나오는 경우는 없이 R로만 나온다. 우리말에는 없는 발음이며, 한국인에게 가장 어려운 발음이니 며칠간의 연습이 필요하다. 편의상 발음표기를 「ㄹㄹ」로 하였다.

빼ー로
perro 개

씨가ー릴요
cigarrillo 담배

아―로스
arroz 쌀   까―로
carro 마차

무성 마찰 치경음으로 우리말의 「ㅅ」 「ㅆ」 사이의 음으로 발음
된다. 본문에서 단어의 자연스러운 발음에 따라서 「ㅅ」 「ㅆ」 음
으로 표기했다.

에세
s

사바도
sábado 토요일   소브레
sobre ～위에

세뇨르
señor 선생님

무성 폐쇄 치음으로 우리말의 「ㄸ」에 해당되는 된소리이다.

떼
t

또도
todo 모두   띠엠뽀
tiempo 시간, 날씨

양순음으로 **b**와 같은 음으로 「ㅂ」에 해당된다.

우베
v

베라노
verano 여름   비엔또
viento 바람

외래어를 표기하는데, (b)와 (w)의 음가를 지닌다.

우베
도블레
w

바곤
wagón 웨건(차)   와싱톤
Washington 워싱톤

일반적으로 [ks]로 발음되나, 경우에 따라 [s]로 발음되기도 한다. 그러나 멕시코의 토착어를 표기할 땐, [x]로 발음된다.

엑사멘
examen 시험

엑스뜨랑헤로
extranjero 외국인

메히꼬
México 멕시코

유성마찰 경구개음으로 우리말의 「이」의 음과 비슷하나 좀 더 강하게 발음한다.

요
yo 나

아유다
ayuda 도움

레이
rey 왕

치간음으로 중남미에서는 s(ㅅ)로 발음하나, 스페인에서는 혀를 아래 위 이빨 사이로 내미는 치간음으로 [θ]로 발음하며, [ce], [ci]와 같은 발음이다.

루스
luz 빛

사빠또
zapato 구두

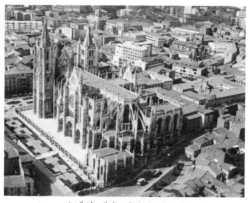

스페인 레온 지방의 대성당

* 이중자음

이중자음은 음절 분해시에 분리되지 않기 때문에 유의해 둘 필요가 있다. 모두 12개가 있다.

bl,	**br**	아 블라르 ha–**bl**ar	말하다	아브리르 a–**br**ir	열다
cl,	**cr**	끌리마 **cl**i–ma	기후	끄레오 **cr**e–o	나는 믿는다
dr		드라마 **dr**a–ma	연극		
fl,	**fr**	플레차 **fl**e–cha	화살	프(후)루따 **fr**u–ta	과일
gl,	**gr**	잉글레스 in–**gl**és	영어	네그로 ne–**gr**o	흑인
pl,	**pr**	쁠란 **pl**an	계획	쁘리모 **pr**i–mo	사촌
tr,		뜨렌 **tr**en	기차		

음절분해와 악센트

Ⅰ. 음절분해

음절이라 함은 한 번에 발음할 수 있는 음을 말하는 것이며, 단어는 한 개의 음절 내지 수 개의 음절로 구성된다. 음절의 중심은 모음이고 자음은 결코 독립된 음절을 이룰 수 없다. 이중모음과 삼중모음은 한 개의 모음으로 간주되어 분리되지 않는다. 그러나 이중모음일 경우라도 약모음 위에 악센트 부호가 찍혀 있으면 강모음화한 것으로 간주되어 서로 분리된다. 역시 이중자음과 철자 ch, ll, rr 는 분리되지 않는다.

1. 두 모음 사이에 위치한 하나의 자음은 뒤의 모음과 결합한다.

   꼬사
   cosa → co-sa 사물

   아모르
   amor → a-mor 사랑

2. 두 모음 사이에 위치한 두 자음은 하나씩 분리되어 앞 뒤 모음과 결합한다. 그러나 이중자음은 분리되지 않는다.

   문도
   mundo → mun-do 세계

   렉시온
   lección → lec-ción 학과

아블라르
* hablar → ha-blar 말하다(이중자음)

3. 철자 s 직후에 자음이 올 때 s는 앞으로 붙는다.

꼰스딴떼
constante → cons-tan-te 꾸준하게

인스띠뚜또
instituto → ins-ti-tu-to 기관

4. 연속된 강모음은 분리된다. 그러나 이중모음일지라도 약모음 위에
   악센트 부호가 찍히면 강모음화된다.

띠오
tío → tí-o 삼촌

레에르
leer → le-er 읽다

디아
día → dí-a 낮, 일(日)

Ⅱ. 악센트 위치

스페인어에 있어서 악센트의 중요성은 매우 크다. 부정확한 악센트는
전혀 다른 뜻이 되며, 단어의 의미를 이해할 수 없기 때문이다. 음절의
중심이 모음에 있는 것과 마찬가지로 악센트의 위치도 음절 중의 모음에
있으며, 이중모음인 경우는 강모음에, 연속 약모음의 경우는 뒤(後)
모음에 악센트가 있다. 악센트가 있는 곳은 좀 길게 그리고 강하게 발음

해야 한다.

1. a, e, i, o, u 모음과 자음 n, s로 끝난 단어는 뒤에서 두 번째
   음절의 모음에 악센트가 있다.

   에르마노
   hermano → her-ma-no　동생

   빠드레
   padre → pa-dre　아버지

   호 벤
   joven → jo-ven　젊은이

   떼니스
   tenis → te-nis　테니스

2. n, s를 제외한 모든 자음으로 끝난 단어는 마지막 음절의 모음에
   악센트가 있다.

   비비르
   vivir → vi-vir　살다

   시우닫
   ciudad → ciu-dad　도시

   무헤르
   mujer → mu-jer　여자

3. 위의 법칙을 벗어나서 불규칙한 악센트를 가진 단어들을 표기할
   때는 반드시 악센트 부호를 찍어야 한다.

   하르딘
   jardín → jar-dín　정원

   데빌
   débil → dé-bil　나약한

   까페
   café → ca-fé　커피

디아스
días → **dí**-as 날(日)

* i위에 악센트 부호를 찍을 경우 í로 표시한다.

4. 단어가 복수가 되면서 음절의 증가에 따라서 악센트 부호를 찍거
나 아니면 악센트 부호가 사라지는 단어들이 있다.

라-손
razón → ra-**zo**-nes 이유

깐시온
canción → can-**cio**-nes 노래

오르덴
orden → **ór**-de-nes 명령

엑사멘
examen → e-**xá**-me-nes 시험

레-히멘
예외 **régimen** → re-**gí**-me-nes 체제

까락떼르
carácter → ca-rac-**te**-res 성격

5. 단어의 형태는 같으나 악센트 부호가 있고 없음에 따라 의미가 달
라지는 단어들이 있다.

뚜   뚜   씨   씨
tú(너) - **tu**(너의)   **sí**(예) - **si**(만약)

디알로고   디알로고   디알로고
diálogo   -   **dialogo**   -   **dialogó**
대화   나는 말한다   그는 말했다

* 대문자 위에는 악센트 부호를 찍는 것이 원칙이지만, 안 찍어도
무방하다. 대개는 안 찍는 경향이 많다.

억 양

I. 어휘의 억양

1. 마지막 음절의 모음에 악센트가 있는 경우는 끝에서 억양이 약간 올라간다.

educación	vencedor
에두까시온	벤세도르
교육	승리자

2. 끝에서 두 번째 음절에 악센트가 있는 경우 억양이 내려간다.

casa	mañana
까사	마냐나
집	내일

3. 그외 끝에서 세 번째 음절 이상에 악센트가 있는 경우

rápido	conquístalo
라ー삐도	꼰끼스딸로
빠른	정복하다

Ⅱ. 문장의 억양

1. **평서문** : 일반적으로 문장의 끝에서 억양을 내려준다.

Él es estudiante.
엘 에스   에스뚜디안떼
그는 학생이다.

Él es alumno.
엘 에스   알룸노
그는 학생이다.

2. **의문문** : 문장 끝을 살짝 올려준다.

¿Es usted Jaime?
에스 우스뗃   하이메
당신은 하이메입니까?

Sí, yo soy Jaime.
씨 요 소이 하이메
예, 나는 하이메입니다.

¿Eres tú estudiante?
에레스 뚜   에스뚜디안떼
너는 학생이냐?

Sí, yo soy estudiante.
씨 요 소이 에스뚜디안떼
예, 나는 학생입니다.

3. 의문사를 가진 의문문은 문장의 끝을 내려주기도, 올려주기도 하는
   데, 자연스럽게 읽으면 된다.

¿Qué es esto?
께 에스 에스또
이것은 무엇입니까?

Es un libro.
에스 운 리브로
책입니다.

¿Quién es usted?
끼엔 에스 우스뗃
당신은 누구입니까?

Yo soy Jaime.
요 소이 하이메
나는 하이메입니다.

4. 두가지 중에 하나를 선택하는 문장.

¿Está casada o soltera?
에스따 까사다 오 솔떼라
기혼입니까 미혼입니까?

이 책에서 사용하는 약어

남	남성명사	재귀	재귀동사
여	여성명사	형	형용사
지시대	지시대명사	소유형	소유형용사
의문대	의문대명사	부	부사
인칭대	인칭대명사	접	접속사
동	동사	전	전치사
자동	자동사	감	감탄사
타동	타동사	복	복수

독학
스페인어
첫걸음
1

문 장 편

요 소이 알룸노
Yo soy alumno

요 소이 알룸노
Yo soy alumno.

요 소이 까를로스
Yo soy Carlos.

요 소이 알룸나
Yo soy alumna.

요 소이 끌라라
Yo soy Clara.

우스뗄 에스 마에스뜨로
Usted es maestro.

우스뗄 에스 하이메
Usted es Jaime.

우스뗄 에스 마에스뜨라
Usted es maestra.

우스뗄 에스 까르멘
Usted es Carmen.

에스 우스뗄 까를로스
¿Es usted Carlos?

씨 요 소이 까를로스
Sí, yo soy Carlos.

에스 우스뗄 마에스뜨로
¿Es usted maestro?

노 요 노 소이 마에스뜨로
No, yo no soy maestro.

본문번역 ●

제1과 나는 학생입니다

나는 학생입니다(남학생).

나는 학생입니다(여학생).

당신은 선생님입니다(남선생님).

당신은 선생님입니다(여선생님).

당신은 까를로스입니까?

당신은 선생님입니까?

나는 까를로스입니다.

나는 끌라라입니다

당신은 하이메입니다.

당신은 까르멘입니다.

예, 나는 까를로스입니다.

아니요, 나는 선생님이 아닙니다.

새로운 단어 ●

요

yo (인칭대) 1인칭주격, 나, 나는

소이

soy (자동) ser동사 현재 단수 1인칭

알룸노

alumno (남) 남학생

에스

es (자동) ser동사 현재 단수 3인칭

알룸나

alumna (여) 여학생

우스뗀

usted (인칭대) 3인칭 주격, 당신

까를로스

Carlos (남) 남자이름

끌라라

Clara (여) 여자이름

마에스뜨로

maestro (남) 남선생님

마에스뜨라

maestra (여) 여선생님

까르멘

Carmen (여) 여자이름

씨

sí (부) 예

노

no (부) 아니오

본문연구 ●

1. **maestro** 우리말로 '선생님'이라고 해석하는 것이 가장 좋다.
   <small>마에스뜨로</small>

2. **¿Es usted Carlos?** 당신은 까를로스입니까?
   <small>에스 우스뗃 까를로스</small>

   ¿Es Ud. maestro? 당신은 선생님입니까?
   <small>에스 우스뗃 마에스뜨로</small>

   스페인어에서는 의문문을 만들 때 문장의 앞·뒤 모두에 의문 부호를 찍어 준다. 단 앞의 부호는 거꾸로(¿) 찍어 준다. 어순은 '동사＋주어＋목적어 또는 보어'가 일반적이지만 어순에 크게 구애받지 않는 게 특징이며 평서문이라도 끝을 올려 주면 의문문이 될 수 있다.

   - **¿Es usted Carlos?** = **¿Usted es Carlos?**
     <small>에스 우스뗃 까를로스   우스뗃 에스 까를로스</small>

     당신은 까를로스입니까?

3. **usted**의 약자는 **Ud.** 또는 **Vd.**이다.

4. **No soy maestro.** 부정문 만드는 법
   <small>노 소이 마에스뜨로</small>

평서문의 동사 앞에 no만 붙이면 부정문이 된다. 즉 따로 조동사를 필요로 하지 않는다.

요 소이 알룸노   요 노 소이 알룸노
• Yo soy alumno. → Yo **no** soy alumno.

나는 학생입니다.   나는 학생이 아닙니다.

5. 스페인어에서는 주격인칭대명사가 생략되어도 상관없다. (주격인칭대명사를 쓰지 않아도 동사의 변화를 보고서 인칭과 수를 알 수 있다)

요 소이 알룸노   소이 알룸노
• **Yo** soy alumno. = Soy alumno.   나는 학생입니다.

문법해설 ●

1. 부정관사

관사란 명사를 선행하는 부분사로서, 명사의 성수에 일치하며, 부정관사와 정관사로 구분된다.

형 태

성 수	단 수	복 수
남 성	운 옴브레 **un** hombre	우노스 옴브레스 **unos** hombres
여 성	우나 무혜르 **una** mujer	우나스 무혜레스 **unas** mujeres

부정관사는 영어의 a혹은 an과 같은 것으로서 단수는 '하나'혹은 '어느'의 뜻으로 쓰이며 복수는 '약간'의 뜻으로 쓰인다.

2. 명사의 성

스페인어의 명사는 남성과 여성으로 구분된다. 일반적으로 명사의 어미에 의해 성이 구분되는데 즉 ~o로 끝나면 남성, ~a로 끝나면 여성으로 취급되나 예외가 있다.

(1) 명사의 어미에 의한 구분

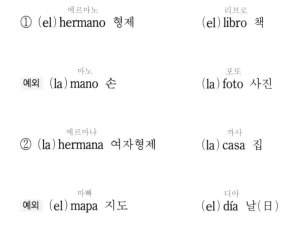

① (el) hermano 형제 · · · 에르마노

예외 (la) mano 손 · · · 마노

② (la) hermana 여자형제 · · · 에르마나

예외 (el) mapa 지도 · · · 마빠

(el) libro 책 · · · 리브로

(la) foto 사진 · · · 포또

(la) casa 집 · · · 까사

(el) día 날(日) · · · 디아

(2) 의미에 의한 성의 구분

빠드레
(el) padre 아버지

마드레
(la) madre 어머니

옴브레
(el) hombre 남자

무헤르
(la) mujer 여자

(3) 남성·여성이 동일한 형태

이러한 명사는 직업을 나타내는 단어에서 많이 볼 수 있으며 관사에 의해 성이 구별된다.

아르띠스따
(el) artista 예술가

아르띠스따
(la) artista 여자 예술가

뻬리오디스따
(el) periodista 기자

뻬리오디스따
(la) periodista 여기자

호벤
(el) joven 젊은남자

호벤
(la) joven 젊은여자

위의 경우 관사를 갖고 남성인지 여성인지를 구분할 수 있다.

(4) 남성명사와 여성명사의 형태적 관계

① 일반적으로 남성명사가 ~o로 끝나면, 여성명사는 ~a가 된다.

무차초
(el) muchacho 소년

무차차
(la) muchacha 소녀

(el) hijo 아들 이호　　　　　　　　　　　　　　(la) hija 딸 이하

② 남성명사가 ~or로 끝날 경우 ~a를 첨가시키면 여성명사가 된다.

(el) profesor 교수 쁘로페소르　　　　　　　　　　(la) profesora 여교수 쁘로페소라

(el) pintor 화가 삔또르　　　　　　　　　　　　(la) pintora 여류화가 삔또라

3. Ser 동사의 직설법 현재 변화(단수형)

(1) 형 태

	주격인칭대명사	ser 동사	주격보어
1	요 Yo	소이 soy	에스뚜디안떼 **estudiante.**
2	뚜 Tú	에레스 eres	
3	엘 El 엘야 Ella 우스뗃 Ud.	에스 es	

(2) 용법

① Ser동사는 영어의 be동사와 마찬가지로 주어의 본질·성격을 나타
낸다.

엘야 에스 보니따 이 아마블레
• Ella **es** bonita y amable.   그녀는 아름답고 상냥합니다.

② Ser 동사의 보어로서 국적·직업·종교 등을 뜻하는 명사는 보편
적으로 관사가 생략된다.

요 소이 메디꼬
• Yo soy médico.   나는 의사입니다.

요 소이 에스빠뇰
• Yo soy español.   나는 스페인사람입니다.

엘야 에스 끄리스띠아나
• Ella es cristiana.   그녀는 기독교인입니다.

③ 영원한 진리에 사용된다.

라 띠에라 에스 레-돈다
• La tierra **es** redonda.   지구는 둥글다.

문 장 연 습

1. 에스 우스뗄 하이메
¿**Es Ud. Jaime?** 당신은 하이메입니까?

씨 요 소이 하이메
Sí, yo soy Jaime. 예, 나는 하이메입니다.

요 소이 알룸노
Yo soy alumno. 나는 학생입니다.

2. 에스 우스뗄 끌라라
¿**Es Ud. Clara?** 당신은 끌라라입니까?

노 요 노 소이 끌라라
No, yo no soy Clara. 아니요, 나는 끌라라가 아닙니다.

요 소이 까르멘
Yo soy Carmen. 나는 까르멘입니다.

3. 에레스 뚜 알룸노
¿**Eres tú alumno?** 너는 학생이니?

노　노　소이　알룸노
No, no soy alumno.　아니요, 나는 학생이 아닙니다.

요　소이　마에스뜨로
Yo soy maestro.　나는 선생님입니다.

에스　우스뗃　마에스뜨로
4. ¿Es Ud. maestro?　당신은 선생님입니까?

씨　소이　마에스뜨로
Sí, soy maestro.　예, 나는 선생님입니다.

❖ 필수회화 ❖

1. 고마움의 표현

그라시아스
• **Gracias.**　고맙습니다.

무차스　그라시아스
• **Muchas gracias.**　매우 고맙습니다.

밀　그라시아스
• **Mil gracias.**　정말 고맙습니다.

2. 좋다는 의사의 표현

부에노
- **Bueno.** 좋습니다(형용사)

무이 부에노
- **Muy bueno.** 매우 좋습니다.

비엔
- **Bien.** 좋습니다. (부사)

무이 비엔
- **Muy bien.** 매우 좋습니다.

3. 나쁘다는 기분의 표현

말로
- **Malo.** 나쁩니다. (형용사)

무이 말로
- **Muy malo.** 매우 나쁩니다.

말
- **Mal.** 나쁩니다. (부사)

무이 말
- **Muy mal.** 매우 나쁩니다.

4. 부담없이 하는 인사말과 작별인사

- ¡Hola! 올라 안녕!

- ¿Qué tal? 께 딸 어떻습니까?

- Adiós. 아디오스 안녕히 계세요.

- Hasta luego. 아스따 루에고 다시 만나요.

- Hasta la vista. 아스따 라 비스따 다시 만나요.

❖ 연습문제 ❖

A. 다음 질문에 스페인어로 답하시오.

1. ¿Es Ud. Carmen?(긍정)

2. ¿Es Ud. maestro?(부정)

3. ¿Eres tú José?(긍정)

B. 다음 문장을 스페인어로 옮기시오.

1. 그녀는 학생입니다.

2. 당신은 학생입니까?

3. 아니오, 나는 학생이 아닙니다.

4. 당신은 선생님입니까?

해 답

A. 1. Sí, yo soy Carmen.   2. No, no soy maestro.
   3. Sí, soy José.

B. 1. Ella es alumna.   2. ¿Es Ud. alumno?
   3. No, no soy alumno.   4. ¿Es Ud. maestro?

께 에스 에스또
¿Qué es esto?

께 에스 에스또
¿Qué es esto?

에스 운 리브로
Es un libro.

께 에스 에소
¿Qué es eso?

에스 운 라삐스
Es un lápiz.

께 에스 아겔요
¿Qué es aquello?

에스 운 가또
Es un gato.

끼엔 에스 엘
¿Quién es él?

에스 까를로스
Es Carlos.

끼엔 에스 엘야
¿Quién es ella?

엘야 에스 까르멘
Ella es Carmen.

끼엔에스 손 엘야스
¿Quiénes son ellas?

엘야스 손 에르마나스
Ellas son hermanas.

께　에스　하이메
¿Qué es Jaime?

하이메　에스　에스뚜디안떼
Jaime es estudiante.

께　에스　까르멘
¿Qué es Carmen?

까르멘　에스　마에스뜨라
Carmen es maestra.

본문번역 ●

제2과　이것은 무엇입니까?

이것은 무엇입니까?	책입니다.
그것은 무엇입니까?	연필입니다.
저것은 무엇입니까?	고양이입니다.
그는 누구입니까?	까를로스입니다.
그녀는 누구입니까?	그녀는 까르멘입니다.
그녀들은 누구입니까?	그녀들은 자매입니다.
하이메의 직업은 무엇입니까?	하이메는 학생입니다.
까르멘의 직업은 무엇입니까?	까르멘은 선생님입니다.

새로운 단어 ●

께
qué (의문) 무엇, 무엇의, 어떤

리브로
libro (남) 책

에스또
esto (지시대) 이것(중성)

에소
eso (지시대) 그것(중성)

^{라삐스}
lápiz (남) 연필

^{에르마나}
hermana (여) 자매

^{아껠요}
aquello (지시대) 저것(중성)

^{에르마노}
hermano (남) 형제

^{가또}
gato (남) 고양이

^{에스뚜디안떼}
estudiante (남,여) (남, 녀)학생

^{끼엔}
quién (의문대) 누구

본문연구 ●

^{께   에스 에스또}
1. ¿Qué es esto? 이것은 무엇입니까?

　esto는 중성지시대명사로서 '이것'이라는 뜻이다. 지시하는 사물의
성(남성·여성)을 정확하게 알지 못하는 경우나, 아는 경우라도 의문
문에서는 주로 중성지시대명사를 쓴다.

^{에스 운 리브로}
2. Es un libro. 책입니다.

대답할 때는 지시대명사를 생략한다.

^{끼엔 에스 엘야}
3. ¿Quién es ella? 그녀는 누구입니까?

^{께 에스 엘야}
¿Qué es ella? 그녀의 직업은 무엇입니까?

꼬모　에스　엘아
¿Cómo es ella?　그녀는 어떻습니까?

‘Qué’는 직업을 묻기 위하여 사용하고, ‘Cómo’는 외모나 성품을 알기 위해 사용된다.

문법해설 ●────────────────────────────────

1. 명사의 수

(1) 명사는 단수와 복수가 있으며, 일반적으로 단수명사가 모음으로 끝나면 **-s**를 붙여서 복수를 만들고 자음으로 끝나면 **-es**를 붙여서 복수를 만든다.

에디피시오			에디피시오스	
edificio	건물	⟶	**edificios**	건물들

로―사			로―사스	
rosa	장미	⟶	**rosas**	장미들

아르볼			아르볼레스	
árbol	나무	⟶	**árboles**	나무들

(2) **z**로 끝난 명사는 **z**를 **c**로 고치고 **-es**를 붙인다.

라삐스			라삐세스	
lápiz	연필	⟶	**lápices**	연필들

삐스			삐세스	
pez	물고기	⟶	**peces**	물고기들

(3) 항상 복수형으로 사용되는 명사들

가파스		바까시오네스	
gafas	안경	**vacaciones**	방학

띠헤라스		사빠또스	
tijeras	가위	**zapatos**	구두

빤딸로네스	
pantalones	바지

2. 주격 인칭 대명사

인칭＼수	단 수	복 수
1	요 **yo** 나	노소뜨로스 **nosotros**(-as) 우리들
2	뚜 **tú** 너	보소뜨로스 **vosotros**(-as) 너희들
3	엘 **él** 그 엘야 **ella** 그녀 우스뗄 **usted** 당신	엘요스 **ellos** 그들 엘야스 **ellas** 그녀들 우스떼데스 **ustedes** 당신들

(1) usted의 약자는 **Ud.** 이다. 서반아어에서 usted(당신)는 3인칭으로 구분된다. 이것의 복수는 -s만 붙이면 된다.

Ud. → Uds.

(2) tú는 부모와 자식간, 연인간, 친한 친구사이, 아랫사람에게 사용된다. **Ud.** 은 '당신'이란 뜻으로 존칭해야 할 경우에 사용된다.

3. Ser 동사의 직설법 현재 변화(복수형)

노소뜨로스 nosotros (as)	소모스 **somos**
보소뜨로스 vosotros (as)	소이스 **sois**
엘요스 엘야스 우스뻬데스 ellos, ellas, ustedes	손 **son**

4. 의문사

(1) **Qué** 는 영어의 **what**에 해당된다.

(2) **quién, quiénes**(복수)는 영어의 **who**에 해당하며 사람에만 사용된다.
     끼엔   끼엔에스

1. **¿Qué es esto?** 이것은 무엇입니까?
^께 ^{에스} ^{에스또}

   Es una mesa. 책상입니다.
   ^{에스} ^{우나} ^{메사}

2. **¿Qué es eso?** 그것은 무엇입니까?
^께 ^{에스} ^{에소}

   Es una rosa. 장미입니다.
   ^{에스} ^{우나} ^{로사}

3. **¿Quién es usted?** 당신은 누구십니까?
^{끼엔} ^{에스} ^{우스뗏}

   Yo soy Jaime. 나는 하이메입니다.
   ^요 ^{소이} ^{하이메}

4. **¿Qué es usted?** 당신의 직업은 무엇입니까?
^께 ^{에스} ^{우스뗏}

   Yo soy estudiante. 나는 학생입니다.
   ^요 ^{소이} ^{에스뚜디안떼}

❖ 필수회화 ❖

1. 미안함을 표현할 때

로   씨엔또
- **Lo siento.** 미안합니다.

빼르돈
- **Perdón.** 미안합니다.

2. 상대방의 양해를 구할 때

꼰   빼르미소
- **Con permiso.** 실례합니다.

꼰   수   빼르미소
- **Con su permiso.** 실례합니다.

3. 천만에요

데   나다
- **De nada.** 천만에요.

노 아이 데 께
- **¡No hay de qué!** 천만에요.

그라시아스   데   나다   노 아이 데 께
※ **Gracias**하면 **De nada.** 혹은 **No hay de qué.**라고 응답해
주어야 한다.

4. 물론이지요

　노
- ¿Cómo no?

뽀르　수뿌에스또
- Por supuesto.

❖ 연습문제 ❖

A. 아래 문장들을 복수로 만드시오.

1. Es un libro.

2. Es una rosa.

3. Es un gato.

4. Es un maestro.

5. Es un estudiante.

B. Ser 동사를 인칭에 알맞게 넣으시오.

1. Yo ＿＿ Carmen.

2. Ella ＿＿ bonita.

3. Nosotros ＿＿ alumnos.

4. Vosotros ＿＿ alumnos.

5. Tú ＿＿ maestro.

제 2 과 이것은 무엇입니까 ? *51*

C. 다음 문장을 스페인어로 옮기시오.

   1. 이것은 무엇입니까?

   2. 연필입니다.

   3. 그는 누구입니까?

   4. 하이메입니다.

   5. 그녀의 직업은 무엇입니까?

   6. 그녀는 선생님입니다.

해 답

A. 1. **Son unos libros.**   2. **Son unas rosas.**

   3. **Son unos gatos.**   4. **Son unos maestros.**

   5. **Son unos estudiantes.**

B. 1. **soy**   2. **es**   3. **somos**   4. **sois**   5. **eres**

C. 1. **¿Qué es esto?**   2. **Es un lápiz.**

   3. **¿Quién es él?**   4. **Él es Jaime.**

   5. **¿Qué es ella?**   6. **Ella es maestra.**

부에노스 디아스 세뇨르 뻬레스
¡Buenos días, Sr. Pérez!

부에노스 디아스 세뇨르 뻬레스
¡Buenos días, Sr. Pérez!

부에노스 디아스 세뇨리따 끌라라
¡Buenos días, Srta. Clara!

꼬모 에스따 우스뗃
¿Cómo está usted?

무이 비엔 그라시아스 이 우스뗃
Muy bien, gracias, ¿y usted?

에스또이 비엔 땀비엔 그라시아스
Estoy bien también, gracias.

레 프레센또 아 우스뗃 아 미 무헤르 까르멘
Le presento a usted a mi mujer Carmen.

무초 구스또 엔 꼬노세르라
Mucho gusto en conocerla.

엔깐따다
Encantada.

수 놈브레 뽀르 파보르
¿Su nombre, por favor?

미 놈브레 에스 끌라라
Mi nombre es Clara.

꼬모 에스따 수 마리도
¿Cómo está su marido?

미 마리도 에스따 엔페르모
Mi marido está enfermo.

엘 에스따 레스프리아도
El está resfriado.

본문번역 ●────────────────

제3과 안녕하세요, 뻬레스 씨!

안녕하세요, 뻬레스 씨!

안녕하세요, 끌라라양!

어떻게 지내세요?

아주 잘 지내요, 감사합니다. 당신은요?

저 역시 잘 지냅니다. 감사합니다.

저의 아내 까르멘을 소개합니다.

만나뵙게 되서 반갑습니다.

반갑습니다.

이름이 뭐죠?

끌라라라고 합니다.

당신 남편은 어떻습니까?

저의 남편은 아픕니다.

감기에 걸렸습니다.

새로운 단어 ●────────────────

디아
día ㉠ 날(日), 하루

세뇨르
señor ㉠ 신사, 아저씨(=**Sr.**)

세뇨리따
señorita ㉡ 아가씨, 숙녀
　　　　　　(=**Srta.**는 약자)

부에노
bueno(na) ㉧ 좋은, 훌륭한,
　　　　　　　선한, 착한

무이
muy ㉡ 매우, 무척

비엔
bien ㉡ 잘, 좋게, 훌륭하게

그라시아스
gracias ⑥ ⑧ 감사, 고마움

엔깐따도
encantado(da) ⑧ 반가운

무헤르
mujer ⑥ 여자, 아내

놈브레
nombre ⑧ 이름

무초
mucho,cha ⑧ 많은

뽀르 파보르
por favor 제발(영어의＝please)

구스또
gusto ⑧ 즐거움, 기쁨

파보르
favor ⑧ 호의, 친절

본문연구 ●

엔깐따다
1. Encantada

'만나뵈서 반갑습니다'라는 의미로 이 말을 하는 당사자가 남자일
엔깐따도
경우는 encantado라고 하여야 한다.

요 에스또이 엔깐따도 데 베를레 아 우스뗄
Yo estoy encantado de verle a Ud. (당신을 뵙게 되어 반갑습니
다.)의 준말로 볼 수 있다. 여기서 encantado(a)는 과거분사의 형태
를 취하고 있으나 형용사적 역할을 수행한다. 즉 모든 과거분사가
estar 동사의 보어일 경우에는 형용사化 한다. 그러므로 주어의 성
수에 일치하는 것이다. (목적대명사는 제13과 제14과 문법해설을 참
고하기 바랍니다.)

2. **Mucho gusto en conocerla.**
_{무초 구스또 엔 꼬노쎄르라}

'만나 뵙게 되서 무척 반갑습니다.'라는 의미이다.

3. **¿Su nombre, por favor?** 이름이 무엇입니까?
_{수 놈브레 뽀르 파보르}

¿Cuál es su nombre?라는 표현을 쓸 수도 있다.
_{꾸알 에스 수 놈브레}

재귀동사를 쓰면 **¿Cómo se llama Ud.?** 당신의 이름이 무엇입니까?를 쓸 수 있다.
_{꼬모 세 야마 우스뗄}

문법해설 ●

1. Estar 동사의 직설법 변화와 그 용법

인 칭	단 수	인 칭	복 수
Yo _요	**estoy** _{에스또이}	Nosotros(as) _{노소뜨로스}	**estamos** _{에스따모스}
Tú _뚜	**estás** _{에스따스}	Vosotros(as) _{보소뜨로스}	**estáis** _{에스따이스}
Él _엘		Ellos _{엘요스}	
Ella _{엘야}	**está** _{에스따}	Ellas _{엘야스}	**están** _{에스딴}
Usted _{우스뗄}		Ustedes _{우스뻬데스}	

(1) 용 법

① estar 동사는 주어의 위치를 표현한다.

- Carlos **está** en casa. 까를로스는 집에 있다.

- El gato **está** en la mesa. 고양이는 책상에 있다.

② 주어의 일시적 상태나 조건을 표현한다.

- Mi marido **está** enfermo. 제 남편은 아픕니다.

2. 정관사

(1) 형 태

성 ＼ 수	단 수	복 수
남 성	el	los
여 성	la	las

(2) 용 법

① 모든 명사에 사용된다(주어일 경우)

<ruby>엘<rt></rt></ruby> <ruby>무차초<rt></rt></ruby> <ruby>에스<rt></rt></ruby> <ruby>알룸노<rt></rt></ruby>
- **El** muchacho es alumno. 소년은 학생이다.

<ruby>라스<rt></rt></ruby> <ruby>까사스<rt></rt></ruby> <ruby>손<rt></rt></ruby> <ruby>보니따스<rt></rt></ruby>
- **Las** casas son bonitas. 집들은 아름답다.

② 언어의 명칭에는 정관사 **el**을 사용한다.

<ruby>엘<rt></rt></ruby> <ruby>에스빠뇰<rt></rt></ruby>
- **el** español 스페인어

<ruby>엘<rt></rt></ruby> <ruby>프란세스<rt></rt></ruby>
- **el** francés 프랑스어

<ruby>요<rt></rt></ruby> <ruby>아블로<rt></rt></ruby> <ruby>비엔<rt></rt></ruby> <ruby>엘<rt></rt></ruby> <ruby>에스빠뇰<rt></rt></ruby>
- Yo hablo bien **el** español. 나는 스페인어를 잘 말합니다.

③ 시간의 표현에 여성 정관사를 사용한다.

<ruby>에스<rt></rt></ruby> <ruby>라<rt></rt></ruby> <ruby>우나<rt></rt></ruby>
- Es **la** una. 1시입니다.

<ruby>손<rt></rt></ruby> <ruby>라스<rt></rt></ruby> <ruby>누에베<rt></rt></ruby> <ruby>이<rt></rt></ruby> <ruby>디에스<rt></rt></ruby>
- Son **las** nueve y diez. 9시 10분입니다.

3. 약자

<ruby>세뇨르<rt></rt></ruby>
- Señor—Sr.

<ruby>세뇨리따<rt></rt></ruby>
Señorita—Srta.

<ruby>세뇨라<rt></rt></ruby>
- Señora—Sra.

<ruby>세뇨레스<rt></rt></ruby>
Señores—Sres.

우스뗃
• usted — Ud.　　• ustedes — Uds.　　• profesor — Prof.

4. 전치사 de

(1) 소 유

엘 꼬체 에스 데 뚜 빠드레
• El coche es **de** tu padre.　차는 너의 아버지 것이다.

데 끼엔 에스 에스떼 리브로
• **¿De** quién es este libro?　이 책은 누구 것입니까?

(2) 출신, 기원

소이 데 꼬레아
• Soy **de** Corea.　나는 한국 출신입니다.

소모스 데 마드릳
• Somos **de** Madrid.　우리는 마드리드 출신입니다.

(3) 재 료

라 메사 에스 데 마데라
• La mesa es **de** madera.　책상은 나무로 되어 있습니다.

엘 빠뉴엘로 에스 데 세다
• El pañuelo es **de** seda.　손수건은 실크입니다.

5. 축 약

전치사 a＋정관사 el을 붙이면 a＋el＝al^알

전치사 de＋정관사 el을 붙이면 de＋el＝del^델

단, 정관사 단수 el과 인칭대명사 3인칭 단수 él을 혼동하지 말자. 이 둘은 그 사용의 혼동을 피하기 위하여 인칭대명사에는 악센트를 첨가한 것이다. 위의 축약 형태는 인칭대명사와는 관계가 없다.

문 장 연 습

1. **Buenas noches, Clara.** 안녕, 끌라라.

   (**noche** : 밤이란 뜻이므로 저녁인사이다)

   ¿Cómo estás? 어떻게 지내니？

   Muy bien, ¿y tú? 잘 지내, 너는？

   Yo estoy mal. Estoy resfriada. 안 좋아. 감기에 걸렸어.

부에노스   디아스   세뇨르   김
2. **Buenos días, Señor Kim.**   안녕하세요, 김선생님.

꼬모   에스따
¿Cómo está?   어떻게 지내세요?

아씨 아씨   이 우스뗃
Así así. ¿Y usted?   그저 그래요. 당신은 어떻게 지내세요?

무이   비엔   그라시아스
Muy bien. Gracias.   아주 좋습니다. 고마워요.

꼬모   에스따 뚜   마드레
3. **¿Cómo está tu madre?**   너의 어머니는 어떠시니?

미   마드레   에스따   비엔
Mi madre está bien.   나의 어머니는 건강하셔.

❖ 필수회화 ❖

1. 가까운 친구 사이나 아래 사람에게 인사할 때

올라   꼬모   에스따스
• **¡Hola! ¿Cómo estás?**   안녕! 어떻게 지내니?

무이　비엔　그라시아스　이　뚜
- **Muy bien, gracias, ¿y tú?** 매우 좋아, 고마워, 너는 어때?

올라　　께　딸
- **¡Hola! ¿qué tal?** 안녕! 잘 지내니?

무이　말　이　뚜
- **Muy mal, ¿y tú?** 아주 나빠, 너는 어때?

2. 손위 사람이나 정중하게 인사할 때

꼬모　에스따　우스뗄　세뇨르　김
- **¿Cómo está usted, señor Kim?** 김선생님 어떻게 지내세요?

아씨　아씨　이　우스뗄
- **Así, así. ¿y usted?** 그저 그래요. 당신은 어떻게 지내세요?

꼬모　에스딴　수스　빠드레스
- **¿Cómo están sus padres?** 당신 부모님은 어떻게 지내세요?

미스　빠드레스　에스딴　무이　비엔
- **Mis padres están muy bien.** 나의 부모님은 매우 잘 계십니다.

3. 처음 만나서 인사할 때

무초 구스또 엔 꼬노세르라 아 우스뗄
• **Mucho gusto en conocerla(a usted).** 당신을 알게되어 매우 반갑습니다. (상대방이 여성인 경우)

엔깐따도 데 꼬노세르레 아 우스뗄
• **Encantado de conocerle(a usted).** 당신을 알게되어 매우 기쁩니다. (상대방이 남성인 경우)

4. 아침·오후·저녁인사

부에노스 디아스 세뇨르 김
• **Buenos días, señor Kim.** 김선생님, 안녕하세요. (아침)

부에나스 따르데스 세뇨르 김
• **Buenas tardes, señor Kim.** 김선생님, 안녕하세요. (오후)

부에나스 노체스 세뇨르 김
• **Buenas noches, señor Kim.** 김선생님, 안녕하세요. (저녁)

❖ 연습문제 ❖

A. 밑줄 친 곳에 정관사를 쓰시오.

1. ___ libro   2. ___ casa

3. ___ padres   4. ___ hermanas

5. ___ mujer   6. ___ amigos

7. ___ idioma   8. ___ día

9. ___ costumbre   10. ___ especie

B. 다음을 복수로 만드시오.

1. el estudiante
2. el señor
3. la señora
4. la madre
5. la rosa

C. 다음 질문에 스페인어로 답하시오.

1. ¿Cómo estás tú? (긍정)
2. ¿Cómo está el padre de Clara? (부정)
3. ¿Cómo están los profesores? (긍정)
4. ¿Cómo está Ud? (긍정)
5. ¿Cómo estáis vosotros? (부정)

D. 다음 문장을 스페인어로 옮기시오.

1. 안녕, 끌라라. (아침인사)
2. 안녕하세요, 하이메씨. (오후인사)
3. 안녕하세요, 까르멘부인. (저녁인사)
4. 나의 이름은 끌라라입니다.
5. 나는 까를로스의 형제입니다.

해 답

A. 1. el   2. la   3. los   4. las   5. la

   6. los   7. el   8. el   9. la   10. la

B. 1. los estudiantes   2. los señores

   3. las señoras   4. las madres   5. las rosas

C. 1. Yo estoy muy bien, gracias.

   2. Su padre está mal, y está resfriado.

   3. Ellos están muy bien.

   4. Estoy muy bien, gracias.

   5. Nosotros no estamos bien, estamos resfriados.

D. 1. ¡Buenos días, Clara!

   2. ¡Buenas tardes, señor Jaime!

   3. ¡Buenas noches, señora Carmen!

   4. Mi nombre es Clara.

   5. Yo soy hermano de Carlos.

데 돈데 에레스 뚜
¿De dónde eres tú?

올라 데 돈데 에레스 뚜
¡Hola! ¿De dónde eres tú?

요 소이 데 세울 이 뚜
Yo soy de Seúl. ¿Y tú?

데 돈데 에레스
¿De dónde eres?

요 소이 데 마드릳 소이 에스빠뇰
Yo soy de Madrid, soy español.

데 돈데 에스 엘야
¿De dónde es ella?

엘야 에스 데 꼬레아 에스 꼬레아나
Ella es de Corea, es coreana.

꼬모　에스　라　씨우닫　데　세울
¿Cómo es la ciudad de Seúl?

에스　우나　씨우닫　무이　그란데　이　에르모사
Es una ciudad muy grande y hermosa.

꼬모　에스　라　씨우닫　데　마드릴
¿Cómo es la ciudad de Madrid?

마드릴　에스　우나　씨우닫　벨야　이　모데르나
Madrid es una ciudad bella y moderna.

끼엔　에스　누에스뜨로　쁘로페소르
¿Quién es nuestro profesor?

엘　세뇨르　로뻬스　에스　누에스뜨로　쁘로페소르
El señor López es nuestro profesor.

꼬모　에스　엘　세뇨르　로뻬스
¿Cómo es el señor López?

에스　무이　　부에노　이　　씸빠띠꼬
Es muy bueno y simpático.

데　　돈데　에스　엘　　세뇨르　　로뻬스
¿De dónde es el señor López?

에스　　아르헨띠노　데　부에노스　아이레스
Es argentino, de Buenos Aires.

뚜　에레스　무이　　아마블레
Tú eres muy amable.

그라시아스　　아디오스　아스따　루에고
Gracias. Adiós, hasta luego.

본문번역 ●────────────────────────

제4과　너는 어디 출신이니?
안녕, 너는 어디 출신이니?
나는 서울 출신이야, 너는?
어디 출신이지?

마드리드 출신이야, 스페인인이지.

그녀는 어디 출신이니?

그녀는 한국 출신이야, 한국인이지.

서울이란 도시는 어때?

크고 아름다운 도시야.

마드리드란 도시는 어떻니?

아름답고 현대적인 도시지.

우리 선생님이 누구니?

로뻬쓰 씨가 우리 선생님이셔.

로뻬쓰 씨는 어때?

착하고 상냥하신 분이야.

로뻬쓰 씨는 어디 출신이니?

아르헨티나인이야. 부에노스 아이레스 출신이지.

너는 굉장히 친절하구나.

고마워. 안녕, 다시 만나.

새로운 단어 ●

^{돈데}
dónde 🄑 (의문부사) 어디

^{세울}
Seúl 🄐 서울

^{마드릴}
Madrid 🄐 마드리드, 스페인의
수도

^{에스빠냐}
España 🄔 스페인

^{에스빠뇰}
español,la 🄗 스페인의, 스페인
사람

^{씨우닫}
ciudad 🄔 도시

^{벨요}
bello,lla 🄗 아름다운

^{그란데}
grande 🄗 커다란, 위대한

에르모소
hermoso,sa ⑱아름다운

아르헨띠노
argentino ⑱아르헨티나의, 아르헨티나 사람

모데르노
moderno,na ⑱현대적

부에노스 아이레스
Buenos Aires ⑲아르헨티나의 수도

쁘로페소르
profesor ⑲선생님, 교수님

씸빠띠꼬
simpático ⑱상냥한

아디오스
adiós ㉙안녕(헤어질 때 인사)

본문연구 ●

소이 데 마드릳
1. Soy de Madrid. 나는 마드리드 출신이야.

'~출신'을 나타낼 때 전치사 de를 사용한다.

데 돈데 에레스 뚜
¿De dónde eres tú? 어디 출신이니?라는 질문을 받았을 때 전치사 de를 이용하여 위와 같이 답할 수도 있고 아니면 ser 동사의 보어로 형용사형을 쓸 수도 있다.

소이 에스빠뇰
• **Soy español.** 나는 스페인 사람입니다.

소이 데 에스빠냐
• **Soy de España.** 나는 스페인 출신입니다.

2. 형용사 grande는 단수 명사 앞에 놓이면 -de가 탈락된다.

그란   씨우닫
• gran ciudad 큰 도시   • gran casa 큰 집
그란   까사

그러나, 명사의 뒤에 올 경우에는 **-de**가 탈락되지 않는다.

에스 우나 씨우닫   그란데
• Es una ciudad grande. 큰 도시이다.

에스 우나 까사   그란데
• Es una casa grande. 큰 집이다.

문법해설 ●

1. Ser 동사와 Estar 동사의 차이

(1) Ser 동사는 변하지 않는 영속적인 사실과 어떤 지속적인 모습이
나 성격을 표현하나, estar 동사는 변할 수 있는 일시적인 사실을
표현한다.

엘 이엘로 에스 프리오
• El hielo **es** frío. 얼음은 차갑다. (속성)

라 레체 에스따 프리아
• La leche **está** fría. 우유는 차갑다. (지금 현재상태)

(2) Ser나 Estar 동사의 보어가 됨에 따라 뜻이 달라지는 형용사도
있다.

에스 부에노 **Es** bueno. 마음이 착하다.	에스따 부에노 **Está** bueno. 건강하다.
에스 말로 **Es** malo. 마음이 나쁘다.	에스따 말로 **Está** malo. 건강이 나쁘다.

2. Ser de ~

Ser동사는 de와 함께 쓰여 소유·출신·재료 등을 표현한다.

데   돈데   에레스 뚜
• ¿**De** dónde **eres** tú? 너는 어디 출신이니?

소이   데   꼬레아
• **Soy de** Corea. 나는 한국인입니다.

데   끼엔   에스 에스따 쁠루마
• ¿**De** quién **es** esta pluma? 이 펜은 누구의 것이니?

에스 데 후안
• **Es de** Juan. 후안의 것이야.

라   메사 에스 데 프란시아
• La mesa **es de** Francia. 책상은 프랑스 제품이다.

엘 렐로흐 에스 데 오로
• El reloj **es de** oro. 시계는 금으로 만들어졌다.

3. 명사와 형용사의 성·수 일치

형용사는 명사를 수식하는 단어로서 의미상 품질 형용사와 한정 형용사로 나뉘어진다. 일반적으로 품질 형용사는 명사의 뒤에 오며 명사 앞에 사용하는 경우는 화자의 주관적 가치가 그 형용사에 부여된다. 한정 형용사는 대체로 명사 앞에서 수식한다.

	남성명사	여성명사
단	운　솜브레로　블랑꼬 Un sombrero blanco (하얀 모자)	우나　꼬르바따　블랑까 Una corbata blanca (하얀 넥타이)
수	운　옴브레　알또 Un hombre alto (키 큰 남자)	우나　무헤르　알따 Una mujer alta (키 큰 여자)
복	우노스　솜브레로스　블랑꼬스 Unos sombreros blancos (하얀 모자들)	우나스　꼬르바따스　블랑까스 Unas corbatas blancas (하얀 넥타이들)
수	우노스　옴브레스　알또스 Unos hombres altos (키 큰 남자들)	우나스　무헤레스　알따스 Unas mujeres altas (키 큰 여자들)

＊ 기타 예문

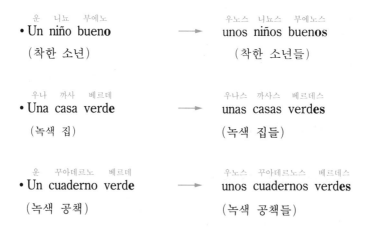

운　니뇨　부에노
• Un niño bueno　　　　　　⟶　　　우노스　니뇨스　부에노스
（착한 소년）　　　　　　　　　　　　unos niños buenos
　　　　　　　　　　　　　　　　　　　（착한 소년들）

우나　까사　베르데
• Una casa verde　　　　　　⟶　　　우나스　까사스　베르데스
（녹색 집）　　　　　　　　　　　　　unas casas verdes
　　　　　　　　　　　　　　　　　　　（녹색 집들）

운　꾸아데르노　베르데
• Un cuaderno verde　　　　　⟶　　　우노스　꾸아데르노스　베르데스
（녹색 공책）　　　　　　　　　　　　unos cuadernos verdes
　　　　　　　　　　　　　　　　　　　（녹색 공책들）

엘 에스뚜디안떼 에스빠뇰
- El estudiante español ⟶ los estudiantes españoles
  (스페인 학생) (스페인 학생들)

로스 에스뚜디안떼스 에스빠뇰레스

라 에스뚜디안떼 에스빠뇰라
- La estudiante española ⟶ las estudiantes españolas
  (스페인 여학생) (스페인 여학생들)

라스 에스뚜디안떼스 에스빠뇰라스

4. 의문 부사(dónde, cómo)
돈데   꼬모

(1) Dónde (어디·어디에) : 영어의 where에 해당한다.
   돈데

- ¿Dónde está tu madre? 네 어머니 어디 계시니?
  돈데 에스따 뚜 마드레

(2) Cómo (어떻게) : 영어의 how에 해당한다.
   꼬모

- ¿Cómo está Ud.? 어떻게 지내십니까?
  꼬모 에스따 우스뗃

문 장 연 습

1. ¿De dónde es Ud.? 당신은 어디 출신입니까?
   데 돈데 에스 우스뗃

Yo soy de Corea. Soy coreano. 나는 한국인입니다.
요 소이 데 꼬레아   소이 꼬레아노

2. 꼬모 에스 라 씨우달 데 바르셀로나
¿Cómo es la ciudad de Barcelona? 바르셀로나는 어떤 도시
입니까?(어떻습니까?)

에스 우나 씨우달 그란데 이 에르모사
Es una ciudad grande y hermosa. 크고 아름다운 도시입니
다.

3. 끼엔 에스 수 쁘로페소르
¿Quién es su profesor? 당신의 선생님은 어느 분이신가요?

엘 세뇨르 가르시아 에스 미 쁘로페소르
El Sr. García es mi profesor. 가르시아 씨가 제 선생님입니
다.

4. 꼬모 에스 엘 세뇨르 가르시아
¿Cómo es el señor García? 가르시아 씨는 어떤 분이신가요?

에스 바호 이 씸빠띠꼬
Es bajo y simpático. 키가 작고 상냥한 분입니다.

❖ 필수회화 ❖

1. 처음 만날때 인사하는 법

_{무초 구스또 엔 꼬노쎄르레 아 우스뗃}
- **Mucho gusto en conocerle a usted.** 당신을 만나게 되어 반갑습니다.

_{미 놈브레 에스 김 철 수}
- **Mi nombre es Kim Chul Soo.** 나의 이름은 김철수입니다.

_{엔깐따도 요 소이 하이메 로뻬스}
- **Encantado. Yo soy Jaime López.** 반갑습니다. 나는 하이메 로뻬스라 합니다.

_{레 쁘레쎈또 아 미 에르마노 까를로스 로뻬스}
- **Le presento a mi hermano Carlos López.** 당신에게 나의 동생 까를로스 로뻬스를 소개합니다.

_{올라 꼬모 에스따스}
- **Hola, ¿cómo estás?** 안녕, 어떻게 지내?

_{데 돈데 에레스}
- **¿De dónde eres?** 너는 어디에서 왔니?

- **Yo soy de Corea.**(=**Soy coreano.**) 나는 한국에서 왔어. (나는 한국 사람이야.)

- **Yo estoy aquí en Madrid de turismo.** 나는 관광차 이곳 마드리스에 왔어.

2. 식사나 음료에 초대하는 말

- **Le invito a comer.** 당신을 식사에 초대합니다.

- **Le invito a beber.** 당신에게 한잔 사겠습니다.

- **Le invito a mi casa.** 당신을 나의 집에 초대합니다.

❖ 연습문제 ❖

A. 다음 밑줄 친 곳에 **ser**와 **estar**를 써 넣으시오.

1. Juan no ___ bien, pero ___ en la escuela.

2. Tú ___ estudiante, y ___ simpático.

3. Yo ___ el hermano de Juan, y nosotros ___ en casa.

4. Nosotros ___ en Seúl pero ___ de Pusan.

5. Ella ___ feliz y ___ bella.

B. 다음 문장을 복수화 하시오.

1. La flor bonita.

2. La casa grande.

3. Un hombre simpático.

4. Una maestra amable.

5. La ciudad pequeña.

C. 다음 문장을 스페인어로 옮기시오.

1. 당신은 어디 출신입니까?

2. 도시는 크고 아름답습니다.

3. 나는 지금 아픕니다.

4. 바르셀로나는 어디 있습니까?

5. 바르셀로나는 스페인에 있습니다.

해 답

A. 1. está, está   2. eres, eres   3. soy, estamos
   4. estamos, somos   5. es, es

B. 1. Las flores bonitas

   2. Las casas grandes

   3. Unos hombres simpáticos

   4. Unas maestras amables

   5. Las ciudades pequeñas

C. 1. ¿De dónde es Ud.?

   2. La ciudad es grande y hermosa.

   3. Yo estoy enfermo.

   4. ¿Dónde está Barcelona?

   5. Barcelona está en España.

마드리드 중심가에 있는 콜럼버스 광장

께 아이 소브레 라 메사
¿Qué hay sobre la mesa?

께 아이 소브레 라 메사
¿Qué hay sobre la mesa?

아이 우노스 리브로스 우나스 쁠루마스 이 운 라삐스
Hay unos libros, unas plumas y un lápiz.

께 아이 엔 엘 하르딘
¿Qué hay en el jardín?

아이 무초스 아르볼레스 이 무차스 플로레스
Hay muchos árboles y muchas flores.

께 아이 델란떼 데 라 까사
¿Qué hay delante de la casa?

아이 운 하르딘 에르모소
Hay un jardín hermoso.

께 아이 엔 라 빠렐
¿Qué hay en la pared?

아이 운 마빠 데 꼬레아
Hay un mapa de Corea.

께 아이 데바호 데 라 메사
¿Qué hay debajo de la mesa?

아이 우노스 가또스
Hay unos gatos.

돈데 에스따 엘 리브로
¿Dónde está el libro?

엘 리브로 에스따 소브레 라 메사
El libro está sobre la mesa.

돈데 에스따 엘 마빠
¿Dónde está el mapa?

엘　마빠　에스따　엔　라　빠렏
El mapa está en la pared.

돈데　에스따　라　까사　누에바
¿Dónde está la casa nueva?

라　까사　누에바　에스따　데뜨라스　데　라　에스꾸엘라
La casa nueva está detrás de la escuela.

본문번역 ●───────────────────────────

제5과 책상 위에는 무엇이 있습니까?

책상 위에는 무엇이 있습니까?

몇 권의 책, 몇 자루의 펜 그리고 연필이 하나 있습니다.

정원에는 무엇이 있습니까?

많은 나무와 많은 꽃이 있습니다.

집 앞에는 무엇이 있습니까?

아름다운 정원이 있습니다.

벽에는 무엇이 있습니까?

한국 지도가 있습니다.

책상 아래에는 무엇이 있습니까?

몇 마리의 고양이가 있습니다.

책은 어디에 있습니까?

책은 책상 위에 있습니다.

지도는 어디 있습니까?

지도는 벽에 있습니다.

새 집은 어디 있습니까?

새 집은 학교 뒤에 있습니다.

새로운 단어 ●

소브레
sobre ㉔ ~위에

메사
mesa ㉖ 책상

리브로
libro ㉑ 책

쁠루마
pluma ㉖ 펜

라뻬스
lápiz ㉑ 연필

하르딘
jardín ㉑ 정원

아이
hay ㉘ haber 동사의 3인칭 단
수. ~이 있다

무초
mucho ㉗ 많은

아르볼
árbol ㉑ 나무

플로르
flor ㉖ 꽃

델란떼 데
delante de ㉒ ~앞에

빠렏
pared ㉖ 벽

마빠
mapa ㉑ 지도

데바호 데
debajo de ㉒ ~아래

가또
gato ㉑ 고양이

누에보
nuevo ㉗ 새로운

1. 위치를 표현하는 전치사구

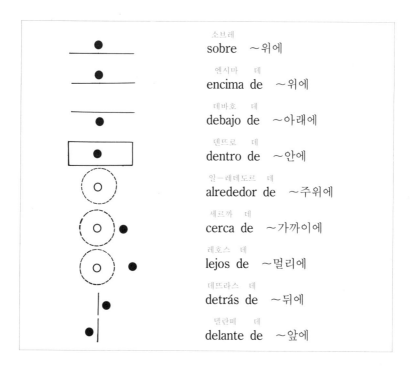

소브레
sobre ~위에

엔시마 데
encima de ~위에

데바호 데
debajo de ~아래에

덴뜨로 데
dentro de ~안에

알—레데도르 데
alrededor de ~주위에

세르까 데
cerca de ~가까이에

레호스 데
lejos de ~멀리에

데뜨라스 데
detrás de ~뒤에

델란떼 데
delante de ~앞에

2. estar 동사는 장소의 부사를 반드시 필요로 하나, hay는 없어도 좋다

아이 무초스 리브로스
• Hay muchos libros. (○) 많은 책들이 있다.

에스딴　무초스　리브로스
Están muchos libros.(×)

로스　리브로스　에스딴　소브레　라　메사
• Los libros están sobre la mesa.(○)　책들이 책상 위에 있다.

문법해설 ●────────────────────────────

1. 부정 관사 : 부정관사의 복수형은 '약간의'라는 뜻으로 쓰인다.

우노스　리브로스
unos libros　약간의 책

우나스　플로레스
unas flores　약간의 꽃

우노스　라삐세스
unos lápices　약간의 연필

우나스　쁠루마스
unas plumas　약간의 펜

우노스　꼬체스
unos coches　약간의 차

우나스　메사스
unas mesas　약간의 책상

2. 위치에 따라 의미가 바뀌는 형용사

운　그란　옴브레
• un **gran** hombre　위대한 사람

운　옴브레　그란데
• un hombre **grande**　몸집이 큰 사람

3. 지시 형용사와 지시 대명사

말하는 사람에게 가까울 때는 éste(이), 듣는 사람에게 가까울 때는
ése(그), 대화 쌍방으로부터 멀리 있을 때는 aquél(저)을 사용한다. 지
시 형용사는 명사의 앞에 쓰이며 그가 수식하는 명사의 성·수에 일치한
다. 지시 대명사는 지시 형용사에 acento를 첨가하여 사용한다. 단 지시
대명사는 중성형이 있으며 중성형은 acento와 복수형이 없다.

에스떼 리브로 이 아껠 리브로 손 데 후안
* Este libro y aquel libro son de Juan. 이 책과 저 책은 후안의 것
이다.

에세 무차초 에스뚜디아 무초 뻬로 아껠야 무차차 노
* Ese muchacho estudia mucho, pero aquella muchacha no
에스뚜디아
estudia. 그 소년은 열심히 공부하지만 저 소녀는 열심히 하지 않
는다.

께 에스 에스또
* ¿Qué es esto? 이것은 무엇입니까?

에소 에스 또도
* Eso es todo 그것이 전부입니다

전자 및 후자로 쓰이는 경우.

까를로스 이 마누엘 손 에르마노스 아껠 에스 알룸노 뻬로 에스떼
* Carlos y Manuel son hermanos. Aquél es alumno, pero éste
에스 마에스뜨로
es maestro. 카를로스와 마누엘은 형제이다. 전자는 학생이고 후
자는 선생님이다.

4. Hay와 Estar의 차이

Haber동사에서 파생된 무인칭 동사의 3인칭 단수형인 Hay의 사실상의 주어는 보어의 형태로 나타난다. 영어의 there is, there are와 유사한 뜻으로 막연히 무엇이 '~에 있다'라는 표현이다. Hay 뒤에 나오는 명사는 정관사와 함께 쓰이지 않으며, 또한 그 명사는 정관사의 형태이므로 동사 앞으로 나갈 수 없다. Estar는 일반적으로 특정한 사람이나 물건이 '~에 있다'라고 할 때 사용된다.

아이 무초스 리브로스 소브레 라 메사
- Hay muchos libros sobre la mesa. (○)
  책상 위에 많은 책이 있다.

무초스 리브로스 아이
- Muchos libros hay. (×)

로스 리브로스 데 후안 에스딴 소브레 라 메사
- Los libros de Juan están sobre la mesa. (○)
  후안의 책들은 책상 위에 있다.

에스딴 로스 리브로스 소브레 라 메사
- Están los libros sobre la mesa (○)
  책상 위에 책들이 있다.

1. **¿Qué hay en la clase?** 교실에는 무엇이 있습니까?

Hay un mapa grande. 큰 지도가 있습니다.

2. **¿Qué hay sobre la mesa?** 책상 위에는 무엇이 있습니까?

Hay unos libros, un bolígrafo y un lápiz. 몇 권의 책과, 볼펜과, 연필이 한 자루 있습니다.

3. **¿Qué hay debajo de la mesa?** 책상 밑에 무엇이 있습니까?

Hay un gato. 고양이가 있습니다.

4. **¿Dónde está usted ahora?** 당신은 지금 어디에 있습니까?

아오라　에스또이　엔　라　에스꾸엘라
Ahora estoy en la escuela. 나는 지금 학교에 있습니다.

끼엔　에스 에스떼
5. **¿Quién es éste?** 이 분은 누구입니까?

에스떼 에스 미 아미고　하이메
Éste es mi amigo, Jaime. 이 분은 나의 친구 하이메입니다.

❖ 필수회화 ❖

1. 상대방의 친절에 보답하는 말

우스뗃 에스 무이 아마블레
• **Ud. es muy amable.** 당신은 매우 친절하시군요.

뚜 에레스 무이 씸빠띠꼬
• **Tú eres muy simpático.** 너는 매우 상냥하구나.

우스뗃 에스 무이 부에노
• **Ud. es muy bueno.** 당신은 매우 좋은 분입니다.

무차스 그라시아스 뽀르 수 아마빌리닫
• **Muchas gracias por su amabilidad.** 당신의 호의에 감사
합니다.

2. Por favor(=영어의 please)를 사용하는 편리한 대화

스페인어 표현에서 **por favor**를 항상 쓰면 좋고 손해는 안 본다.

• **El agua, por favor.** 물 좀 주세요.

• **La cerveza, por favor.** 맥주 좀 주세요.

• **La cuenta, por favor.** 계산서 주세요.

• **Vamos al Hotel Cervantes, por favor.** 세르반떼스 호텔 갑시다.

• **¿Su nombre, por favor?** 당신 이름은 무엇이지요?

❖ 연습문제 ❖

A. 밑줄 친 곳에 알맞은 지시 형용사를 쓰시오.

1. (저) ___ habitación es grande.

2. (그) ___ mujer es bella.

3. (이) ___ libros son interesantes.

4. (저) ___ muchachas son simpáticas.

5. (그) ___ coches son nuevos.

B. 다음 숙어들의 반대되는 것을 쓰시오.

1. detrás de

2. encima de

3. a la izquierda

C. 다음 문장을 스페인어로 옮기시오.

1. 나는 새 집 앞에 있습니다.

2. 고양이는 나무 밑에 있습니다.

3. 차는 차고 안에 있습니다.

A. 1. aquella   2. esa   3. estos   4. aquellas   5. esos

B. 1. delante de   2. debajo de   3. a la derecha

C. 1. Yo estoy enfrente de la nueva casa.

   2. El gato está debajo del árbol.

   3. El coche está dentro del garaje.

동 키호테와 산초 판사

LECCION

— 6 —

끼엔 에스 수 빠드레

¿Quién es su padre?

아끼 에스따 미 파밀리아

Aquí está mi familia.

끼엔 에스 수 빠드레

¿Quién es su padre?

미 빠드레 에스 아껠

Mi padre es aquél.

끼엔 에스 에스따 세뇨리따

¿Quién es esta señorita?

에스 미 에르마나 마리아

Es mi hermana, María.

에스따 솔떼라 오 까사다

¿Está soltera o casada?

엘야 에스따 까사다 이 띠에네 도스 이호스 이 우나 이하
Ella está casada. Y tiene dos hijos y una hija.

끼엔 에스 엘 세뇨르 데 가파스
¿Quién es el señor de gafas?

에스 미 아부엘로
Es mi abuelo.

돈데 에스따 수 마드레
¿Dónde está su madre?

미 마드레 에스따 알 라도 데 미 빠드레
Mi madre está al lado de mi padre.

꼬모 에스 수 마드레
¿Cómo es su madre?

미 마드레 에스 아마블레 이 구아빠
Mi madre es amable y guapa.

데　께　꼴로르　손　수스　오호스
¿De qué color son sus ojos?

수스　오호스　손　아술레스
Sus ojos son azules.

·끼엔에스　손　에스또스　니뇨스
¿Quiénes son estos niños?

손　미스　소브리노스
Son mis sobrinos.

본문번역 ●────────────────────────

제6과 당신의 아버지는 누구십니까?
여기 제 가족이 있습니다.
어느 분이 당신의 아버지이십니까?
저 분이 나의 아버지이십니다.
이 아가씨는 누구입니까?
나의 여동생 마리아입니다.
미혼입니까, 기혼입니까?
그녀는 기혼입니다. 두 아들과 딸 하나가 있습니다.
안경을 쓰신 신사는 누구십니까?

나의 조부님이십니다.

당신의 어머니는 어디 계십니까?

나의 어머니는 아버님 옆에 계십니다.

당신의 어머님은 어떤 분이십니까?

나의 어머님은 친절하고 아름다우십니다.

그녀의 눈은 무슨 색깔입니까?

그녀의 눈은 푸른색입니다.

이 어린아이들은 누구입니까?

나의 조카들입니다.

새로운 단어 ●

아끼
aquí ㉿ 여기

파밀리아
familia ㉡ 가족

미
mi ㉿ 나의

빠드레
padre ㉡ 아버지

아껠
aquél ㉿ 저것

에르마노
hermano ㉡ 형제

솔떼로
soltero ㉡ 미혼자 ㉿ 미혼의

까사도
casado ㉡ 기혼자 ㉿ 기혼의

이호
hijo ㉡ 자식, 아들

가파스
gafas ㉡ ㉿ 안경

아부엘로
abuelo ㉡ 할아버지

마드레
madre ㉡ 어머니

꼴로르
color ㉡ 색깔

오호
ojo ㉡ 눈

구아뽀
guapo ㉿ 아름다운

아술
azul ㉡ 푸른색 ㉿ 푸른색의

니뇨
niño Ⓝ어린아이

소브리노
sobrino Ⓝ조카

본문연구 ●────────────────────────────

엘 세뇨르 데 가파스
1. El señor de gafas 안경쓰신 분

안경처럼 쌍으로 쓰이는 명사는 항상 복수로 쓰인다.

라스 가파스
las gafas(안경)

로스 빤딸로네스
los pantalones(바지)

로스 안떼오호스
los anteojos(안경)

라스 띠헤라스
las tijeras(가위)

로스 렌떼스
los lentes(안경)

아 라 데레차
2. A la derecha 오른쪽에

아 라 이스끼에르다
a la izquierda 왼쪽에

알 라도 데
al lado de 옆에

데 께 꼴로르 손 수스 오호스
3. ¿De qué color son sus ojos?

색깔을 물을 때는 반드시 전치사 'de'를 동반한다.

문법해설 ●

1. 소유 형용사(전치형)

(1) 형 태

_미 **mi** 나의	_{리브로} libro 책	_{누에스뜨로 뜨라} **nuestro/-tra** 우리들의	_{리브로} libro 책
_뚜 **tu** 너의		_{부에스뜨로 뜨라} **vuestro/-tra** 너희들의	
_수 **su** 당신의	_{까사} casa 집	_수 **su** 당신들의	_{까사} casa 집
_{미스} **mis** 나의	_{리브로스} libros 책들	_{누에스뜨로스 라스} **nuestros/-as** 우리들의	_{리브로스} libros 책들
_{뚜스} **tus** 너의		_{부에스뜨로스 라스} **vuestros/-as** 너희들의	
_{수스} **sus** 당신의	_{까사스} casas 집들	_{수스} **sus** 당신들의	_{까사스} casas 집들

(2) 용 법

소유 형용사는 전치형과 후치형이 있다. 6과에서는 우선 전치형만 다루기로 한다. 전치형은 명사의 앞에 놓이며 이 경우 명사의 관사가 생략된다. 형용사이니만큼 명사의 성·수에 일치시킨다. 소유 형용사는 'de＋전치격 인칭 대명사'로 대신할 수 있다.

누에스뜨로 리브로   엘 리브로 데   노소뜨로스
• nuestro libro(=el libro de nosotros) 우리의 책

수 아미고   엘 아미고 데 우스뗃
• su amigo(=el amigo de Ud.) 당신의 친구

미   에르마나 에스따 엔   마드릳
• Mi hermana está en Madrid. 나의 여동생은 마드리드에 있다.

뚜스 빠드레스 비벤   엔   엘   깜뽀
• Tus padres viven en el campo. 너의 부모님들은 시골에서 사신다.

2. 기 수

1	2	3	4	5
우노	도스	뜨레스	꾸아뜨로	싱꼬
uno	dos	tres	cuatro	cinco
6	7	8	9	10
세이스	시에떼	오초	누에베	디에스
seis	siete	ocho	nueve	diez

기수는 명사의 앞에서 명사를 수식하나 때로는 서수의 뜻으로 명사
의 뒤에 놓이기도 한다.

※ uno는 남성과 여성이 구분된다. 즉 남성 명사 앞에서는 un으로 여
성 명사 앞에서는 una로 쓰인다.

운 디아   우나   세마나
• un día(하루)   • una semana(한 주일)

3. Tener 동사 직설법 현재 변화(영어의 'have'와 같은 뜻)

인 칭		인 칭	
yo	땡고 **tengo**	nosotros	때네모스 **tenemos**
tú	띠에네스 **tienes**	vosotros	때네이스 **tenéis**
él ella Ud.	띠에네 **tiene**	ellos ellas Uds.	띠에넨 **tienen**

① Tener는 '가지다', '보유하다', '소유하다'의 뜻이다.

   땡고   도스 리브로스
 • **Tengo** dos libros. 나는 두 권의 책을 갖고 있다.

② 특수용법으로 쓰인다.

   때네모스   암브레
 • **Tenemos** hambre. 우리들은 배가 고프다.

③ (회·모임 등을) 열다, 갖다.

   때네모스 우나 훈따
 • **Tenemos** una junta. 우리들은 모임을 갖는다.

4. 색깔을 묻는 표현

데　께　꼴로르　에스　수　뻴로
¿De qué color es su pelo?　당신의 머리카락은 무슨 색깔입니까?

블랑꼬
blanco(a)　흰색

베르데
verde　초록색

아마릴요
amarillo(a)　노란색

네그로
negro(a)　검은색

아술
azul　푸른색

로호
rojo(a)　붉은색

도라도
dorado(a)　금색

아르헨띠노
argentino(a)　은색

그리스
gris　회색

마론
marrón　밤색

5. 신체 부위명

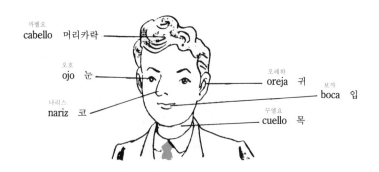

까뻴요
cabello 머리카락

오호
ojo 눈

나리스
nariz 코

오레하
oreja 귀

보까
boca 입

꾸엘요
cuello 목

문 장 연 습

1. **¿Quién es esta señorita?** 이 아가씨는 누구입니까?

   Es mi hermana menor. 나의 여동생입니다.

   Es mi hermana mayor. 나의 누나입니다.

2. **¿Está casada o soltera?** 기혼입니까, 아니면 미혼입니까?

   Está soltera. 미혼입니다.

3. **¿Cómo es ella?** 그녀는 어떤 사람입니까?

   Es guapa y alta. 미인에 키가 큽니다.

에스 페아 이 바하
Es fea y baja. 못 생기고 키가 작습니다.

끼엔 에스 엘 세뇨르 알또
4. ¿Quién es el señor alto? 키가 큰 분은 누구시죠?

에스 미 빠드레
Es mi padre. 나의 아버지입니다.

데 께 꼴로르 에스 수 뻴로
5. ¿De qué color es su pelo? 당신의 머리카락은 무슨 색깔입니까?

에스 네그로
Es negro. 검은 색입니다.

❖ 필수회화 ❖

1. 신체적 욕구를 표현

땡고 무차 암브레
• **Tengo mucha hambre.** 나는 매우 배가 고픕니다.

메 다 꼬미다
• **¿Me da comida?** 나에게 음식을 줄래요?

땡고　셑
- **Tengo sed.**　나는 목이 마릅니다.

메　다　아구아
- **¿Me da agua?**　나에게 물을 줄래요 ?

땡고　수에뇨
- **Tengo sueño.**　나는 졸립습니다.

끼에로　도르미르
- **Quiero dormir.**　나는 자고 싶습니다.

땡고　프리오
- **Tengo frío.**　나는 추워요.

에스또이　레스프리아도
- **Estoy resfriado.**　나는 감기 들었어요.

땡고　깔로르
- **Tengo calor.**　나는 더워요.

땡고　돌로르　데　까베사
- **Tengo dolor de cabeza.**　나는 머리가 아파요.

2.　～해야만 한다

• **Tengo que ir a España.** 나는 스페인에 가야만 한다.

• **Tengo que volver a casa.** 나는 집에 돌아가야만 한다.

• **Debo estudiar el español.** 나는 스페인어를 공부해야만 한다.

3. 나는 외국어를 말합니다

• **¿Habla usted español?** 당신은 스페인어를 말합니까?

• **No, yo no hablo español.** 아니요, 나는 스페인어를 말하지 못합니다.

• **Pero yo hablo inglés.** 그러나 나는 영어를 말합니다.

• **¿Habla usted francés?** 당신은 프랑스어를 말합니까?

• **Sí, yo hablo francés.** 예, 나는 프랑스어를 말합니다.

❖ 연습문제 ❖

A. 다음 밑줄 친 곳에 소유형용사를 쓰시오.

1. (너의) ___ **hermano**

2. (나의) ___ **padre**

3. (그들의) ___ **casa**

4. (너희들의) ___ **abuela**

5. (그녀의) ___ **primos**

6. (당신의) ___ **ojos**

7. (우리의) ___ **profesor**

B. Tener 동사를 인칭변화시켜 쓰시오.

1. **Nosotros** ___ **dos hijos.**

2. **Tú** ___ **pelo negro.**

3. **Yo** ___ **muchos amigos.**

4. **Mis padres** ___ **sus padres.**

C. 다음 문장을 스페인어로 옮기시오.

1. 안경 쓰신 분은 나의 삼촌이십니다.

2. 나의 사촌은 키가 작지만 아름답습니다.

3. 나의 언니는 예쁘다.

4. 나는 키가 크고 잘 생겼다.

5. 그녀의 눈은 무슨 색깔입니까?

해 답

A. 1. **tu**   2. **mi**   3. **su**   4. **vuestra**   5. **sus**   6. **sus**   7. **nuestro**

B. 1. **tenemos**   2. **tienes**   3. **tengo**   4. **tienen**

C. 1. **El señor de gafas es mi tío.**

　　2. **Mi primo es pequeño pero hermoso.**

　　3. **Mi hermana es hermosa.**

　　4. **Yo soy alto y guapo.**

　　5. **¿De qué color son sus ojos?**

LECCION
—7—

께 데세아 우스뗀
¿Qué desea Ud.?

부에나스 따르데스 께 데세아 우스뗀
Buenas tardes. ¿Qué desea Ud.?

부에나스 따르데스 데세오 아쁘렌데르 에스빠뇰 엔 에스떼
Buenas tardes. Deseo aprender español en este

인스띠뚜또
instituto.

데 돈데 에스 우스뗀
¿De dónde es Ud.?

소이 데 꼬레아
Soy de Corea.

께 이디오마 아블라 우스뗀
¿Qué idioma habla Ud.?

제 7 과 당신은 무엇을 원하십니까 ? *109*

요   아블로   잉글레스   프란세스   이   꼬레아노
Yo hablo inglés, francés y coreano.

엔똔세스   뽀르   께   데세아   우스뗄   아쁘렌데르
Entonces, ¿por qué desea usted aprender

에스빠뇰
español?

요   끼에로   이르   아   에스빠냐   데   뚜리스모
Yo quiero ir a España de turismo.

꾸안도   데세아   우스뗄   에스뚜디아르   에스빠뇰
¿Cuándo desea Ud. estudiar español?

데세오   에스뚜디아르   꾸안또   안떼스
Deseo estudiar cuanto antes.

노   에스   디피실   아쁘렌데르   에스빠뇰
¿No es difícil aprender español?

노　노　에스　디피실　에스　파실　쁘로눈시아르　라스
No, no es difícil. Es fácil pronunciar las

빨라브라스
palabras.

데세오　엔뜨라르　엔　라　끌라세　엘레멘딸
Deseo entrar en la clase elemental.

무이　비엔　뿌에데　아블라르　꼰　엘　디렉또르　델
Muy bien. Puede hablar con el director del

인스띠뚜또
instituto.

무차스　　그라시아스
Muchas gracias.

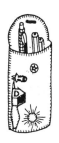

본문번역 ●━━━━━━━━━━━━━━━━━━━━━━━━

제7과 당신은 무엇을 원하십니까?

안녕하세요. 무엇을 원하십니까?

안녕하세요. 이 학원에서 스페인어를 배우고 싶은데요.

어디 출신이시죠?

한국인입니다.

어떤 언어를 할 줄 아십니까?

영어, 프랑스어 그리고 한국어를 합니다.

그런데 왜 스페인어를 배우려 하십니까?

스페인에 관광을 가고 싶어서요.

언제 스페인어를 공부하시겠습니까?

되도록 빨리. 공부하고 싶습니다.

스페인어 배우는 것이 어렵지 않을까요?

어렵지 않습니다. 단어를 발음하기가 쉽습니다.

기초반에 들어가고 싶습니다.

좋아요. 학원 원장님과 말씀하세요.

감사합니다.

새로운 단어 ●━━━━━━━━━━━━━━━━━━━━━━━━

데세아르
desear 타동 원하다

이디오마
idioma 남 언어

아쁘렌데르
aprender 타동 배우다, 공부하다

잉글레스
inglés 형 영국의 남 영어, 영국인

인스띠뚜또
instituto 남 학원

112 제7과 당신은 무엇을 원하십니까?

프란세스
francés ⟨형⟩ 프랑스의 ⟨남⟩ 프랑스
어, 프랑스인

뚜리스모
turismo ⟨남⟩ 관광

이르
ir ⟨자동⟩ 가다

꾸안도
cuándo ⟨무⟩ 언제

꾸안또   안떼스
cuanto antes 되도록 빨리

쁘로눈시아르
pronunciar ⟨동⟩ 발음하다

파실
fácil ⟨형⟩ 쉬운

디피실
difícil ⟨형⟩ 어려운

빨라브라
palabra ⟨여⟩ 단어

엔뜨라르
entrar ⟨자동⟩ 들어가다, 가입하다

아블라르
hablar ⟨동⟩ 말하다

뽀데르
poder ⟨동⟩ 할 수 있다

디렉또르
director ⟨남⟩ 원장

그라시아스
gracias ⟨여⟩⟨복⟩ 감사

본문연구 ●

부에노스   디아스
1. **Buenos días.** 아침인사. (점심 식사 이전까지)

부에나스   따르데스
Buenas tardes. 오후인사. (점심식사 이후부터 해지기 전까지)

부에나스   노체스
Buenas noches. 저녁인사. (해가 진 이후)

2. ¿Qué idioma habla Ud.?

-oma, -ema, -ima는 'a'로 끝나지만 희랍어에서 파생된 것으로 모두 남성이다.

3. Entonces는 '그때에', '그 당시', '그렇다면', '그래서'의 뜻이다.

• por qué와 porque

¿Por qué?는 의문사로 영어의 Why?

porque는 접속사로 영어의 because이다.

4. ¿No es difícil aprender español?

무인칭 구문으로 'ser동사의 3인칭 단수＋형용사＋inf.'의 순으로 표현한다.

• Es fácil ir a casa. 집에 가는 것은 쉽다.

문법해설 ●

1. -ar 규칙 동사 현재

스페인어에는 동사원형이 -ar, -er, -ir로 끝나는 세가지 형태가 있다. 편의상 우리는 그것을 제1변화동사, 제2변화동사, 제3변화동사라 일컫는다. 그럼 우선 -ar로 끝나는 제1규칙변화동사 현재의 활용을 공부하자.

인칭 \ 원형동사	아블라르 **hablar**	데세아르 **desear**	에스뚜디아르 **estudiar**	동사어미
요 yo	아블로 **hablo**	데세오 **deseo**	에스뚜디오 **estudio**	**-o**
뚜 tú	아블라스 **hablas**	데세아스 **deseas**	에스뚜디아스 **estudias**	**-as**
엘 엘야 우스뗄 él, ella, Ud.	아블라 **habla**	데세아 **desea**	에스뚜디아 **estudia**	**-a**
노소뜨로스 nosotros	아블라모스 **hablamos**	데세아모스 **deseamos**	에스뚜디아모스 **estudiamos**	**-amos**
보소뜨로스 vosotros	아블라이스 **habláis**	데세아이스 **deseáis**	에스뚜디아이스 **estudiáis**	**-áis**
엘요스 엘야스 ellos, ellas, 우스메데스 Uds.	아블란 **hablan**	데세안 **desean**	에스뚜디안 **estudian**	**-an**

※ 스페인어 동사의 화법(modo)은 직설법과 접속법이 있는데 접속법은 2권에서 다루겠다.

2. 접속사

접속사는 단어와 단어, 구와 구, 절과 절을 연결시키는 역할을 한다.

(1) **y** : 그리고

뚜 이 요
* tú y yo   너와 나

(2) **pero** : 그러나

엘야 에스 보니따   뻬로 노 에스   씸빠띠까
* Ella es bonita pero no es simpática.

그녀는 이쁘지만 상냥하지는 않다.

(3) **o** : 혹은

끼에레스 이르 알 시네 오   께다르떼   엔 까사
* ¿Quieres ir al cine o quedarte en casa?

영화 보러 가길 원하니 아니면 집에 남아있기를 원하니?

(4) **porque** : 왜냐하면

뜨라바하   뽀르께   끼에레
* Trabaja porque quiere.

그는 원하기 때문에 일을 한다.

3. 국명 형용사

국명 형용사는 명사적으로 쓰여 그나라 언어나 사람을 일컫기도 한다.

엘   에스빠뇰 에스 파실
* El español es fácil.   스페인어는 쉽다.

엘야 에스 에스빠뇰라
• Ella es española. 그녀는 스페인인이다.

4. Desear＋동사원형

'~하고 싶다'의 뜻으로 전치사 없이 원형동사를 목적어로 받는다.

데세오 에스뚜디아르 잉글레스
• Deseo estudiar inglés. 영어를 공부하고 싶다.

데세오 이르 아 에스빠냐
• Deseo ir a España. 스페인에 가고 싶다.

문 장 연 습

아블라 우스뗻 에스빠뇰
1. ¿Habla usted español? 당신은 스페인어를 할 줄 아십니까?

씨 요 아블로 운 뽀꼬
Sí, yo hablo un poco. 예, 조금 할 줄 압니다.

노 에스 디피실 쁘로눈시아르 라스 빨라브라스
2. ¿No es difícil pronunciar las palabras? 단어를 발음하는 것이 어렵지 않습니까?

No, es fácil pronunciar las palabras. 아니요, 단어를 발음하는 것은 쉽습니다.

3. **¿Habla Ud. francés?** 당신은 프랑스어를 할 줄 아십니까?

No, yo no hablo francés. 아니요, 나는 프랑스어를 못합니다.

4. **¿Por qué desea Ud. aprender español?** 당신은 왜 스페인어를 배우려 하십니까?

Porque deseo ir a España. 왜냐하면 스페인에 가기를 원하기 때문입니다.

5. **¿Puede hablar un poco más despacio?** 당신은 약간 더 천천히 말할 수 있습니까?

¿Puede usted hablar en voz alta? 당신은 큰소리로 말할 수 있습니까?

❖ 필수회화 ❖

1. desear 동사를 써서 표현하는 대화

요   데세오 이르 데   꼼쁘라스
- **Yo deseo ir de compras.** 나는 쇼핑가기를 원한다.

요   데세오 이르 데   뻬스까
- **Yo deseo ir de pesca.** 나는 낚시가기를 원한다.

요   데세오 이르 데   엑스꾸르시온
- **Yo deseo ir de excursión.** 나는 소풍가기를 원한다.

요   데세오 에스뚜디아르   에스빠뇰
- **Yo deseo estudiar español.** 나는 스페인어 공부하기를 원한다.

요   데세오 비시따르 알 세뇨르 김
- **Yo deseo visitar al Sr. Kim.** 나는 김선생님을 방문하기를 원한다.

데세아   우스뗃 이르 아   에스빠냐
- **¿Desea usted ir a España?** 당신은 스페인에 가기를 원합니까?

데세아   우스뗃 이르 알   시네
- **¿Desea usted ir al cine?** 당신은 극장에 가기를 원합니까?

2. 사랑을 표현하는 대화

    _{요 떼 끼에로}
- **Yo te quiero.** 나는 너를 사랑한다.

    _{요 떼 아모}
- **Yo te amo.** 나는 너를 사랑한다.

    _{요 끼에로 에스뚜디아르}
※ **Yo quiero estudiar.** 나는 공부하고 싶다.

    _{요 끼에로 도르미르}
※ **Yo quiero dormir.** 나는 잠을 자고 싶다.

❖ 연습문제 ❖

A. 괄호 안의 동사를 인칭 변화시켜 써 넣으시오.

1. Ana ____ en este instituto. (estudiar)

2. Yo ____ en esta oficina. (trabajar)

3. Carlos ____ café en el bar. (tomar)

4. Mi madre ____ hablar francés. (desear)

5. Tú ____ libros. (necesitar)

6. ¿Qué ____ Antonio? (estudiar)

B. 다음 물음에 답하시오.

1. ¿Qué idioma hablas tú?(francés)

2. ¿Qué idioma desea Ud. aprender?(español)

3. ¿Qué idioma habla Juan?(chino)

4. ¿Qué idioma estudias tú?(inglés)

C. 빈칸에 주어진 어휘를 보기에서 고르시오. (접속사)

> 보 기 : **porque, sino, pero, y, o, en, de, a**

1. **Mi madre habla inglés ___ francés.**

2. **¿Qué desea Ud., lápiz ___ pluma?**

3. **Yo trabajo en una oficina ___ María trabaja en la escuela.**

4. **Yo no estudio francés ___ español.**

5. **Tú estudias muchos idiomas extranjeros ___ deseas ir al extranjero.**

D. 다음 문장을 스페인어로 옮기시오.

1. 나는 사무실에서 일한다.

2. 우리는 스페인어를 말한다.

3. 그들은 다방에서 커피를 마신다.

4. 그는 영어를 공부하기 원한다.

해 답

A. 1. estudia   2. trabajo   3. toma

   4. desea   5. necesitas   6. estudia

B. 1. Yo hablo francés.

   2. Yo deseo aprender español.

   3. Juan habla chino.

   4. Yo estudio inglés.

C. 1. y   2. o   3. pero   4. sino   5. porque

D. 1. Yo trabajo en una oficina.

   2. Nosotros hablamos español.

   3. Ellos toman café en un bar.

   4. El quiere estudiar inglés.

LECCION
— 8 —

En el restaurante.

돈데 꼬메 우스뗄
¿Dónde come usted?

오이 꼬모 엔 운 레스따우란떼
Hoy como en un restaurante.

꼬메모스 훈또스
¿Comemos juntos?

데 아꾸에르도 바모스
De acuerdo, vamos.

엔 엘 레스따우란떼
(*En el restaurante*)

올라 아이 우나 메사 리브레
¡Hola! ¿Hay una mesa libre?

씨　아껠야　메사　에스따　리브레
Sí, aquella mesa está libre.

그라시아스　뿌에데　우스뗀　뜨라에르　엘　메누
Gracias, ¿puede usted traer el menú?

아끼　로　띠에네　우스뗀　께　데세아　꼬메르
Aquí lo tiene usted. ¿Qué desea comer?

데　쁘리메로　소빠　데　세군도　까르네　데　바까
De primero, sopa. De segundo, carne de vaca.

이　데　뽀스뜨레　엘라도　데　초꼴라떼
Y de postre, helado de chocolate.

이　데　베베르　께　데세안　또마르
Y de beber, ¿qué desean tomar?

세르베사
Cerveza.

그라시아스
Gracias.

데스뿌에스 데 꼬메르
(Después de comer)

까마레로 뿌에데 우스뗃 뜨라에르 라 꾸엔따 뽀르
Camarero, ¿puede usted traer la cuenta, por

파보르
favor?

아끼 라 띠에네 우스뗃
Aquí la tiene usted.

에스 까로 뻬로 라 꼬미다 에스 리까
Es caro. Pero la comida es rica.

까마레로 끼에로 빠가르 꼰 따르헤따 데 끄레디또
Camarero, quiero pagar con tarjeta de crédito.

Muy bien.

본문번역 ●————————————————————————

제 8 과   레스토랑에서

어디서 식사하세요(점심을 드세요)?

오늘은 레스토랑에서 먹으려 합니다.

같이 먹을까요?

좋습니다, 가실까요.

(레스토랑에서)

안녕하십니까! 빈자리가 있을까요?

예, 저 식탁이 비어 있습니다.

감사합니다, 메뉴 좀 가져다 주시겠어요?

여기 있습니다. 무엇을 드시겠습니까?

먼저 스프하고, 다음엔 쇠고기를 주십시오.

그리고 후식으로는 초코 아이스크림을 주세요.

마실 것은 어떤 것으로 드릴까요?

맥주로 주세요.

감사합니다.

(식사 후)

웨이터, 계산서 좀 주시겠어요?

여기 있습니다.

비싸군요, 하지만 음식은 맛있어요.

크레디트 카드로 지불하고 싶은데요.

좋습니다.

새로운 단어 ●

레스따우란떼
restaurante ㉠ 레스토랑, 식당,
음식점

돈데
dónde ㉘ (의문 부사)어디

꼬메르
comer ㉦ 먹다, (스페인)점심을
들다

훈또
junto, -ta ㉧ 함께

아꾸에르도
acuerdo ㉠ 합의, 동의, 일치

이르
ir ㉨ 가다, ~se 떠나다

리브레
libre ㉧ 자유로운, ~이 면제된,
비어 있는

뽀데르
poder ㉡ ~할 수 있다

뜨라에르
traer ㉡ 가져오다

메누
menú ㉠ 메뉴, 식단

아끼
aquí ㉘ (장소 부사)여기

때네르
tener ㉡ 가지고 있다

데세아르
desear ㉡ 원하다

쁘리메로
primero ㉧ 첫번째의

소빠
sopa ㉐ 스프

까르네
carne ㉐ 고기

바까
vaca ㉐ 소

세군도
segundo ㉧ 두번째의

뽀스뜨레
postre ㉠ 후식, 디저트

엘라도
helado ㉠ 아이스크림

초꼴라떼
chocolate ㉠ 초콜릿

베베르
beber ㉦ 마시다

세르베사
cerveza ㉐ 맥주

데스뿌에스
después ㉘ (시간 부사)~한 다음
에, 후에

까마레로
camarero ㉠ 웨이터

cuenta 구엔따 ⑩ 계산서

caro, -ra 까로 ⑱ 비싼(↔barato)

comida 꼬미다 ⑩ 음식

rico, -ca 리꼬 ⑱ 맛있는, 부유한

querer 께레르 ⑩ 사랑하다, 원하다

tarjeta 따르헤따 ⑩ 카드

~de crédito : 크레디트
카드, 신용카드

본문연구 ●

1. Hoy como en el restaurante.
오이 꼬모 엔 엘 레스따우란떼

restaurante는 보통 레스토랑을 말한다. el comedor(식당)라는 어
엘 꼬메도르
휘도 있다.

2. ¿Comemos juntos?
꼬메모스 훈또스

여기서 Junto는 형용사가 부사의 의미로 쓰였다고 볼 수 있다. 그
러나 형태는 형용사이므로 주어의 성·수에 일치시켜야 한다.

3. De acuerdo.
데 아꾸에르도

acuerdo는 acordar동사에서 나온 명사형으로 '좋다'라는 뜻인데

영어의 'OK'와 같이 쓰인다. (estar, quedar, ponerse)＋de acuer-do는 "동의하다"의 뜻으로 쓰인다.

4. Aquella mesa está libre.
아껠야　메사　에스따　리브레

'빈 테이블'이란 뜻이다. 손님이 있을 때는 está reservada로 쓰인다.
에스따　레세르바다

5. ¿Puede Ud. traer el menú?
뿌에데　우스뗃　뜨라에르　엘　메누

poder는 '～을 할 수 있다'라는 조동사로 본동사를 동반한다. 의문문을 만들 때 주어는 조동사 뒤에 놓는 게 무난하다.

• ¿Puede Ud. comer conmigo? 당신은 나와 함께 식사할 수 있습니까?
뿌에데　우스뗃　꼬메르　꼼미고

• ¿Puede Ud. hablar español? 당신은 스페인어를 말할 수 있습니까?
뿌에데　우스뗃　아블라르　에스빠뇰

※ 식탁에서의 용어

엘 쁠라또 el plato 접시	엘 꾸칠요 el cuchillo 나이프	라 꾸차라 la cuchara 숟가락
엘 바소 el vaso 컵	엘 떼네도르 el tenedor 포크	라 세르빌예따 la servilleta 냅킨
라 메사 la mesa 식탁	라 꼬미다 la comida 음식	

1. 정관사의 예외

여성 단수 명사가 a-나 ha-로 시작하고 그 모음에 악센트가 있으면 관사는 남성형을 사용하나 복수가 되면 원래의 정관사를 사용한다.

엘 아구아
• el agua   ⟶   라스 아구아스
                                       las aguas

엘 아차
• el hacha   ⟶   라스 아차스
                                         las hachas

엘 아길라
• el águila   ⟶   라스 아길라스
                                         las águilas

엘 알마
• el alma   ⟶   라스 알마스
                                       las almas

2. -er동사의 직설법 현재 규칙변화

원형동사 인칭	아쁘렌데르 **aprender**	꼬메르 **comer**	꼼쁘렌데르 **comprender**	어미
yo	아쁘렌도 **aprendo**	꼬모 **como**	꼼쁘렌도 **comprendo**	-o
tú	아쁘렌데스 **aprendes**	꼬메스 **comes**	꼼쁘렌데스 **comprendes**	-es
él, ella, Ud.	아쁘렌데 **aprende**	꼬메 **come**	꼼쁘렌데 **comprende**	-e
nosotros	아쁘렌데모스 **aprendemos**	꼬메모스 **comemos**	꼼쁘렌데모스 **comprendemos**	-emos
vosotros	아쁘렌데이스 **aprendéis**	꼬메이스 **coméis**	꼼쁘렌데이스 **comprendéis**	-éis
ellos, ellas Uds.	아쁘렌덴 **aprenden**	꼬멘 **comen**	꼼쁘렌덴 **comprenden**	-en

3. -er동사의 불규칙

어간모음이(-o>ue, -e>ie)로 바뀌는 불규칙

원형동사 인칭	뽀데르 **poder**	께레르 **querer**
yo	뿌에도 **puedo**	끼에로 **quiero**
tú	뿌에데스 **puedes**	끼에레스 **quieres**
él, ella, Ud.	뿌에데 **puede**	끼에레 **quiere**
nosotros	뽀데모스 **podemos**	께레모스 **queremos**
vosotros	뽀데이스 **podéis**	께레이스 **queréis**
ellos, ellas Uds.	뿌에덴 **pueden**	끼에렌 **quieren**

1. 돈데 꼬메스 뚜 오이
¿Dónde comes tú hoy? 너는 오늘 어디서 점심을 먹을래?

오이 꼬모 엔 까사
Hoy como en casa. 오늘은 집에서 먹을래.

2. 아이 우나 메사 리브레
¿Hay una mesa libre? 빈 자리가 있습니까?

로 시엔또 또다스 에스딴 레세르바다스
Lo siento. Todas están reservadas. 미안합니다. 전부 예약 되었습니다.

3. 돈데 꼬메스 오이
¿Dónde comes hoy? 너는 오늘 어디서 식사 할거니?

오이 꼬모 엔 엘 꼬메도르
Hoy como en el comedor. 오늘은 식당에서 먹을꺼야.

4. 께 데세아 꼬메르 데 뽀스뜨레
¿Qué desea comer de postre? 디저트로 무엇을 드시겠어요?

나다　그라시아스　에스또이　예노
Nada, gracias. Estoy lleno. 아니요, 감사합니다. 나는 배가
찼습니다.

솔로　끼에로　까페
Sólo quiero café. 단지 커피를 들겠습니다.

❖ 필수회화 ❖

1. 음식을 많이 드세요. (식사를 시작할 때)

부엔　쁘로베초　세뇨르　김
- **Buen Provecho, señor Kim.** 김선생님, 많이 드십시오.

께　아쁘로베체　세뇨르　김
- **Que aproveche, señor Kim.** 김선생님, 많이 드십시오.

시르바세　라스　프루따스
- **Sírvase las frutas.** 과일들을 드세요.

시르바세
- **Sírvase.** （음식을） 드세요.

2. 음식을 먹고나서 고마움의 표시

- La comida es rica. 음식이 맛있습니다.

- La comida es sabrosa. 음식이 맛있습니다.

- La comida es buena. 음식이 좋습니다.

3. 초대에 대한 감사의 표시

- Gracias por su invitación. 당신의 초대에 감사합니다.

- Gracias por su invitación a la cena. 저녁에 초대해 주어서 감사합니다.

4. 초대를 하는 표현

- Quiero invitar a usted al almuerzo. 나는 당신을 점심에 초대하고 싶습니다.

- Quiero invitar a usted a la fiesta. 나는 당신을 파티에 초대하고 싶습니다.

❖ 연습문제 ❖

A. 다음 물음에 답하시오.

    1. ¿Dónde comes hoy?

    2. ¿Es rica la comida?

    3. ¿Qué desea Ud. tomar?

    4. ¿Quiere Ud. comer conmigo?

B. 다음 문장을 스페인어로 옮기시오.

    1. 나는 오늘 프랑스 음식점에서 식사를 합니다.

    2. 비싸긴 하지만 음식이 맛있습니다.

    3. 후식으로는 쵸코 아이스크림을 주십시오.

    4. 중국 음식점이 어디 있습니까?

    5. 학교 근처에 중국 음식점이 있습니다.

C. 괄호 안의 동사를 인칭변화 시키시오.

    1. Nosotros ____ paella.(comer)

    2. ¿Qué ____ tú por la tarde?(hacer)

    3. Vosotros ____ muchas novelas.(leer)

    4. ¿Qué ____ ellos?(hacer)

    5. Tú ____ hablar español.(poder)

해 답

A. 1. Hoy como en un restaurante chino.

2. Sí, la comida es rica.

3. Yo deseo tomar café.

4. Sí, ¡cómo no!

B. 1. Yo como hoy en un restaurante francés.

2. Es caro pero la comida es rica.

3. De postre, helado de chocolate, por favor.

4. ¿Dónde está el restaurante chino?

5. El restaurante chino está cerca de la escuela.

C. 1. comemos   2. haces   3. leéis   4. hacen   5. puedes

마드리드 중심 거리

돈데　비베　우스뗀
¿Dónde vive usted?

올라　　　꼬모　에스따 우스뗀
¡Hola! ¿cómo está Ud.?

무이　비엔　그라시아스　이 우스뗀
Muy bien, gracias, ¿y Ud.?

비엔　그라시아스
Bien, gracias.

돈데　비베　우스뗀
¿Dónde vive usted?

요 비보 엔 라 깔예 데 세르반떼스　누메로　디에스
Yo vivo en la calle de Cervantes, número 10.

비베　우스뗀　솔로
¿Vive usted solo?

노 요 비보 꼰 미스 에르마노스
No, yo vivo con mis hermanos.

이 돈데 비벤 수스 빠드레스
¿Y dónde viven sus padres?

미스 빠드레스 비벤 엔 엘 깜뽀
Mis padres viven en el campo.

요 에스끄리보 아 미스 빠드레스 아 베세스
Yo escribo a mis padres a veces.

이 돈데 에스따 수 까사
Y, ¿dónde está su casa?

미 까사 에스따 델란떼 데 라 빨라사 데 에스빠냐
Mi casa está delante de la Plaza de España.

우스뗄 비베 무이 레호스 데 아끼
¿Usted vive muy lejos de aquí?

씨 뻬로 비보 세르까 데 라 에스꾸엘라
Sí, pero vivo cerca de la escuela.

아 돈데 바 우스뗄
¿A dónde va Ud.?

보이 아 까사 뽀르께 뗑고 무차스 따레아스
Voy a casa, porque tengo muchas tareas.

아디오스
Adiós.

아디오스 아스따 마냐나
Adiós, hasta mañana.

본문번역 ●

제9과 당신은 어디에 사십니까?

안녕하세요. 당신은 어떻게 지내세요?

잘 지냅니다. 감사합니다. 어떻게 지내십니까?

좋습니다. 감사합니다.

어디에 사십니까?

저는 세르반테스가(街) 10번지에 삽니다.

당신은 혼자 사십니까?

아니요, 제 형제들과 함께 삽니다.

부모님은 어디서 사시나요.

저희 부모님은 시골에서 사십니다.

저는 가끔 부모님들께 편지를 씁니다.

그런데 당신의 집은 어디에 있습니까?

스페인 광장 앞에 있습니다.

여기서 먼곳에 살고 계십니까?

예, 그러나 학교 가까이에 살고 있습니다.

어디에 가십니까?

집에 갑니다. 숙제가 많기 때문입니다.

안녕히 가세요.

안녕히 가세요, 내일 뵙겠어요.

새로운 단어 ●

비비르
vivir 자동 살다

깔예
calle 여 거리

세르반떼스
Cervantes 세르반테스
(Miguel de Cervantes
Saavedra 1547~
1616, 돈키호테의 작
가)

누메로
número 남 숫자

디에스
diez 형 10, 열

솔로
solo, (-la) 형 혼자인

에르마노
hermano 남 형제

빠드레
padre 남 아버지(복수 : 부모님)

깜뽀
campo ⓝ 시골, 들판

세르까
cerca ⓜ 가까이 ~de : 가까이에

에스끄리비르
escribir ⓣⓓ 쓰다

따레아스
tarea ⓕ 숙제, 일

베스
vez ⓕ 번, …배

에스꾸엘라
escuela ⓕ 학교

레호스
lejos ⓜ 멀리, ~de : 멀리 떨어
진

아디오스
adiós ⓘ 안녕히 ⓝ 이별

아스따
hasta ⓟ ~까지

쁠라사
plaza ⓕ 광장

마냐나
mañana ⓕ 아침, ⓜ 내일

삐시나
piscina 수영장

치메네아
chimenea 굴뚝

안떼나
antena 안테나

떼초
techo 지붕

벤따나
ventana 창문

가라헤
garaje 차고

베스띠불로
vestíbulo 현관

꼬체
coche 차

하르딘
jardín 정원

까사
casa 집

본문연구 ●

비베 우스뗃 솔로
1. ¿Vive Ud. solo? 당신은 혼자 사십니까?

우나 솔라 빨라브라
• una **sola** palabra 단 한마디

에스또이 솔로 엔 까사
- Estoy **solo** en casa. 나는 집에 혼자 있습니다.

엘야 띠에네 솔로 운 돌라르
- Ella tiene **sólo** un dólar. 그녀는 단지 1달러 밖에 없다.

※ solo는 형용사이므로 수식하는 명사에 성·수가 일치하나 sólo는

부사이므로 일치시키지 않는다.

에스끄리보 아 미스 빠드레스 아 베세스
2. **Escribo a mis padres a veces.** 가끔 부모님들께 편지를 씁니다.

vez의 복수형은 veces

아 베세스   오뜨라 베스
a veces 때때로   otra vez 또 한번

알구나스 베세스
algunas veces 때때로, 간혹

무차스 베세스
muchas veces 여러번

1. -ir 동사의 직설법 현재 규칙 변화

인칭 \ 원형동사	비비르 **vivir**	레시비르 **recibir**	아브리르 **abrir**	에스끄리비르 **escribir**	어미
yo	비보 **vivo**	레시보 **recibo**	아브로 **abro**	에스끄리보 **escribo**	**-o**
tú	비베스 **vives**	레시베스 **recibes**	아브레스 **abres**	에스끄리베스 **escribes**	**-es**
él	비베 **vive**	레시베 **recibe**	아브레 **abre**	에스끄리베 **escribe**	**-e**
nosotros	비비모스 **vivimos**	레시비모스 **recibimos**	아브리모스 **abrimos**	에스끄리비모스 **escribimos**	**-imos**
vosotros	비비스 **vivís**	레시비스 **recibís**	아브리스 **abrís**	에스끄리비스 **escribís**	**-ís**
ellos	비벤 **viven**	레시벤 **reciben**	아브렌 **abren**	에스끄리벤 **escriben**	**-en**

불규칙 동사 ir

인칭 \ 원형동사	이르 **ir**
yo	보이 **voy**
tú	바스 **vas**
él	바 **va**
nosotros	바모스 **vamos**
vosotros	바이스 **vais**
ellos	반 **van**

2. Ir a＋동사원형

'～하려고 하다', '～할 것이다'로 영어의 be going to와 유사하다.
또는 '～합시다'의 뜻으로 쓰인다.

_{께 바스 아 아쎄르 마냐나}
- ¿Qué vas a hacer mañana?　내일 무엇을 할 것입니까?

_{보이 아 살리르}
- Voy a salir.　외출하려 합니다.

_{바모스 아 꼼쁘라르 운 꼬체}
- Vamos a comprar un coche.　우리들은 차를 한 대 사려고 합니
다.

_{떼네르 께}
3. Tener que＋동사원형

'～하여야만 한다'의 뜻으로 의무와 필요성을 나타낸다.

_{띠에네스 께 뜨라바하르}
- Tienes que trabajar.　너는 일해야만 한다.

_{떼네모스 께 레에르 엘 리브로}
- Tenemos que leer el libro.　우리는 책을 읽어야만 한다.

1. 돈데 비베스 뚜
¿Dónde vives tú? 너는 어디에 사니?

요 비보 엔 방 배 동
Yo vivo en Bang–Bae Dong. 나는 방배동에 삽니다.

2. 꼰 끼엔 비베스
¿Con quién vives? 너는 누구와 함께 사니?

비보 꼰 미스 빠드레스
Vivo con mis padres. 나의 부모님과 살아.

3. 비베스 세르까 데 라 에스꾸엘라
¿Vives cerca de la escuela? 너는 학교 가까이에 사니?

노 요 비보 레호스 데 라 에스꾸엘라
No, yo vivo lejos de la escuela. 아니, 나는 학교에서 먼 곳에
살아.

4. 뚜 비베스 꼰 뚜스 에르마노스
¿Tú vives con tus hermanos? 너는 형제들 하고 같이 사니?

씨 비보 꼰 미스 에르마노스
Sí, vivo con mis hermanos. 응, 형제들하고 같이 살아.

돈데 에스따 엘 메뜨로
5. **¿Dónde está el metro?** 지하철이 어디 있지요?

에스따 엔 프렌떼 데 라 쁠라사
Está en frente de la plaza. 광장 앞에 있습니다.

아스따 돈데 바 엘 메뜨로
6. **¿Hasta dónde va el metro?** 이 지하철은 어디까지 갑니까?

바 아스따 엘 쎈뜨로 데 마드릴
Va hasta el centro de Madrid. 마드리드 시내까지 갑니다.

❖ 필수회화 ❖

1. 오랫만에 만났을 때

올라 꾸안또 띠엠뽀 씬 베르떼
• **¡Hola! ¡cuánto tiempo sin verte!** 안녕, 너 오래간만이야!

아쎄 무초 띠엠뽀 께 노 떼 베오
• **¡Hace mucho tiempo que no te veo!** 너 오래간만이야!

2. 피곤하다 · 바쁘다 등의 인사 표현

- 꼬모 에스따스
  ¿Cómo estás? 너는 어떻게 지내니?

- 에스또이 깐사도
  Estoy cansado.(-da) 나는 피곤해.

- 에스또이 아부리-도
  Estoy aburrido.(-da) 나는 따분해.

- 에스또이 아고따도
  Estoy agotado.(-da) 나는 기진맥진해.

- 에스또이 오꾸빠도
  Estoy ocupado.(-da) 나는 바쁘다.

3. 체재기간을 물을 때

- 꾸안또 띠엠뽀 바스 아 에스따르 뻬르마네세르 엔 마드릳
  ¿Cuánto tiempo vas a estar(=permanecer) en Madrid?
  당신은 마드리드에 얼마동안 있을 예정입니까?

- 요 보이 아 에스따르 우나 세마나
  Yo voy a estar una semana. 나는 한주일 머무를 것입니다.

4. 여기서 얼마나 걸립니까 ?

꾸안또　 띠엠뽀　 세　따르다　엔　뜨렌　데　세울　아　부산
• **¿Cuánto tiempo se tarda en tren de Seúl a Pusan?**
서울에서 부산까지 기차로 얼마나 걸립니까 ?

세　따르다　씽꼬　오라스　마스　오　메노스
• **Se tarda cinco horas más o menos.** 약 5시간 걸립니다.

❖ 연습문제 ❖

A. 괄호 안의 동사를 인칭 변화 시키시오.

1. **Ellos ___ en Madrid.**(vivir)

2. **Marta y Jaime ___ muchas cartas.**(escribir)

3. **Tú ___ muchas cartas.**(recibir)

4. **¿A dónde ___ usted?**(ir)

B. 다음 물음에 답하시오.

1. **¿Dónde vive Ud.?**

2. **¿Dónde están sus padres?**

3. **¿Vive Ud. con sus padres?**

4. **¿Vive Ud. en una ciudad?**

C. 다음 문장을 스페인어로 옮기시오.

1. 나는 가끔 나의 부모님께 편지를 씁니다.

2. 나는 숙제가 많아서 집에 가야만 합니다.

3. 내일 무엇을 하실 겁니까?

4. 박교수님을 방문하려고 합니다.

해 답

A. 1. viven   2. escriben   3. recibes   4. va

B. 1. Yo vivo en Corea.

2. Mis padres están en el campo.

3. No, yo no vivo con mis padres.

4. Sí, vivo en una ciudad.

C. 1. Yo escribo a veces a mis padres.

2. Tengo que ir a casa porque tengo muchas tareas.

3. ¿Qué va a hacer mañana?

4. Voy a visitar al profesor Park.

LECCION
—10—
¿Qué hora es?
께 오라 에스

마누엘 께 오라 에스
Manuel, ¿qué hora es?

손 라스 뜨레스 이 메디아 데 라 따르데
Son las tres y media de la tarde.

끼에레스 베르 라 뺄리꿀라 에스따 따르데
¿Quieres ver la película esta tarde?

씨 끼에로 아꼼빠냐르레 아 우스뗀
Sí, quiero acompañarle a usted.

아 께 오라 엠뻬에사 라 뺄리꿀라
¿A qué hora empieza la película?

엠뻬에사 아 라스 씽꼬 메노스 꾸아르또
Empieza a las cinco menos cuarto.

엔폰세스　　　로　시엔또　요　노　뿌에도　이르　알　시네
Entonces, lo siento. Yo no puedo ir al cine

꼰　우스뗄　뽀르께　땡고　께　이르　아　라　에스따시온
con usted, porque tengo que ir a la estación

데　　페-로까릴　　빠라　레시비르　아　미　에르마노
de ferrocarril para recibir a mi hermano

메노르
menor.

아　께　오라　예가　엘　뜨렌
¿A qué hora llega el tren?

아　라스　씽꼬　엔　뿐또
A las cinco en punto.

엔폰세스　보이　알　시네　솔로
Entonces, voy al cine solo.

아 께 오라 떼르미나 라 뻴리꿀라
¿A qué hora termina la película?

떼르미나 아 라스 시에떼 이 디에스
Termina a las siete y diez.

아 께 오라 부엘베 아 까사
¿A qué hora vuelve a casa?

아 에소 데 라스 시에떼 이 메디아
A eso de las siete y media.

엔똔세스 레 야모 뽀르 뗼레포노 아 라스 오초 엔
Entonces le llamo por teléfono a las ocho en

뿐또
punto.

살루도스 아 뚜 에르마노
Saludos a tu hermano.

Gracias, hasta luego.

본문번역 ●───────────────────────

제10과 몇 시입니까?

마누엘, 몇 시니?

오후 세 시 반이예요.

오늘 오후에 영화보지 않을래?

예, 같이 가고 싶어요.

몇 시에 영화가 시작하나요?

5시 15분 전에 시작해.

그렇다면, 죄송해요. 같이 영화를 보러 갈 수 없겠군요. 왜냐하면 기차

역에 동생을 마중 나가야 해요.

기차는 몇 시에 도착하니?

5시 정각에요.

그렇다면, 혼자 극장에 가야겠군.

몇 시에 영화가 끝나나요?

7시 10분에 끝나.

몇 시에 집에 돌아오시나요?

7시 30분경에 돌아오겠지.

그렇다면 8시 정각에 전화를 걸겠어요.

네 동생에게 안부 전해라.

감사합니다. 나중에 뵙겠어요.

오라
hora ⑨ 시간

메디오
medio, -ia ⑱ 반의, 중간의

뻴리꿀라
película ⑨ 영화

아꼼빠냐르
acompañar ⑤ 데리고 가다,
동반하다

따르데
tarde ⑨ 오후 ⑨ 늦게

엠뻬싸르
empezar ⑤ 시작하다

메노스
menos ⑱ ~보다 적은, ~보다
못한 ⑨ ~보다 적게, ~
보다 못하게

꾸아르또
cuarto ⑱ 시간의 15분, 4분의
1, 네 번째의

페-로까릴
ferrocarril ⑭ 기찻길

레시비르
recibir ⑤ 맞이하다, 마중하다

예가르
llegar ⑩ 도착하다

뜨렌
tren ⑭ 기차

떼르미나르
terminar ⑩ 끝나다

볼베르
volver ⑩ 돌아오다, 귀가하다

야마르
llamar ⑤ 부르다

뗄레포노
teléfono ⑭ 전화

살루도
saludo ⑭ 인사, 안부

본문연구 ●

께 오라 에스
1. ¿Qué hora es?

154 제10과 몇 시입니까?

'몇 시입니까'라는 뜻이다. 같은 뜻으로 ¿Qué hora tiene Ud.?도
쓰인다.

2. Son las tres y media de la tarde.

정관사 las는 las horas에서 horas가 생략된 것이고 media도 역시
hora의 반이므로 여성형으로 쓰였다. 오전인 경우는 de la mañana,
오후인 경우는 de la tarde, 저녁인 경우는 de la noche를 사용한다.

3. ¿Quieres ver la película esta tarde?

querer+inf.는 '~하고 싶다'의 뜻이다. esta tarde '오늘 오후'를
표현하는 부사구.

esta mañana 오늘 아침   esta noche 오늘 저녁

4. ¿A qué hora empieza la película?

'몇 시에'라고 할 때는 반드시 전치사 a를 동반한다.

5. Lo siento.

'미안합니다'라는 표현이다. 원래 sentir는 '느끼다'라는 의미로 많이 쓰이지만 '유감이다'라는 뜻도 있다. 중성목적대명사 'lo'는 '미안한 일'을 뜻한다.

땡고　께　이르　아　라　에스따시온　데　페―로까릴
6. Tengo que ir a la estación de ferrocarril …

Tener que+동사원형 : ～해야만 한다

빠라　레시비르　아　미　에르마노　메노르
7. Para recibir a mi hermano menor.

타동사+목적어(사람)인 경우 전치사 a를 쓴다. 그러나 사물인 경우는 안 쓴다.

요　비시또　아　까를로스
• Yo visito a Carlos.   나는 까를로스를 방문한다.

요　비시또　마드릳
• Yo visito Madrid.   나는 마드리드를 방문한다.

문법해설 ●

1. 기 수

^{온쎄}
11 once

^{도쎄}
12 doce

^{뜨레쎄}
13 trece

^{까또르쎄}
14 catorce

^{낀쎄}
15 quince

^{디에시세이스}
16 dieciséis

^{디에시시에떼}
17 diecisiete

^{디에시 오초}
18 dieciocho

^{디에시 누에베}
19 diecinueve

^{베인떼}
20 veinte

^{베인띠우노   베인띠운}
21 veintiuno(veintiún)

^{베인띠도스}
22 veintidós

^{베인띠뜨레스}
23 veintitrés

^{베인띠꾸아뜨로}
24 veinticuatro

^{베인띠씽꼬}
25 veinticinco

^{베인띠세이스}
26 veintiséis

^{베인띠시에떼}
27 veintisiete

^{베인띠오초}
28 veintiocho

^{베인띠누에베}
29 veintinueve

^{뜨레인따}
30 treinta

^{꾸아렌따}
40 cuarenta

^{씽꾸엔따}
50 cincuenta

^{세센따}
60 sesenta

^{세뗀따}
70 setenta

^{오첸따}
80 ochenta

^{노벤따}
90 noventa

^{시엔또   시엔}
100 ciento(cien)

⑴ 종전에는 16부터 29까지는 y로 연결시킨 형태와 축약형 두가지를 다 쓸 수 있었지만, 오늘날에는 축약형만을 쓰고 있음을 주의하기 바란다. 그러나 음절의 변화로 인하여 악센트에 주의해야 한다.

디에시세이스		베인띠도스	
16	dieciséis	22	veintidós
디에시시에떼		베인띠뜨레스	
17	diecisiete	23	veintitrés
디에시오쵸		베인띠꾸아뜨로	
18	dieciocho	24	veinticuatro
디에시누에베		베인띠싱꼬	
19	diecinueve	25	veinticinco
베인띠우노		베인띠누에베	
21	veintiuno	29	veintinueve

⑵ y로 연결시키는 형태는 31부터 99까지만 사용된다.

뜨레인따 이 우노   　노벤따 이 누에베
31 treinta y uno   99 noventa y nueve

※ y는 10자리 수와 1자리 수 사이에서만 쓴다.

뜨레인따 이 세이스
36 treinta y seis

씨엔또 도스   　씨엔또 베인떼
102 ciento dos   120 ciento veinte

우노
• uno의 경우 단수 남성명사 앞에서는 'o'를 탈락시킨다.

그러나 여성명사일 경우에는 una가 된다.

운 옴브레   우나   무차차
un hombre 한 남자   **una** muchacha 한 소녀

• ciento는 명사 앞에서 남성・여성을 막론하고 어미 -to가 탈락된다.

씨엔   리브로스
cien libros 백 권의 책들

씨엔   무차차스
cien muchachas 백 명의 소녀들

(2) 가감승제의 표현법

y, más (+)

도스   마스   뜨레스 손   씽꼬
Dos **más** tres son cinco. : 2+3=5

menos (−)

베인떼   메노스   씽꼬   손   낀세
Veinte **menos** cinco son quince. : 20−5=15

por (×)

씽꼬   뽀르   디에스 손   씽꾸엔따
Cinco **por** diez son cincuenta. : 5×10=50

dividido entre(÷)

뜨레인따　디비디도　엔뜨레　디에스　손　뜨레스
Treinta **dividido entre** diez son tres. : 30÷10=3

2. 시계 보는 법

(1) 시간의 표현은 '여성정관사＋기수'로서 표현된다.

여성정관사는 la hora 또는 las horas에서 hora(horas)를 생략한 것이다. '한 시'라고 할 경우는 la una이나, 두 시 이상인 경우는 복수를 사용하여야 한다. las dos '두 시', las tres '세 시', las once '11시'라 하며, '～시이다'라고 하는 표현은 ser동사를 사용하여야 한다. 이때 역시 정관사의 사용과 마찬가지로 1시일 경우는 3인칭 현재 단수 'es'를, 2시 이상인 경우는 3인칭 현재복수 'son'을 사용하여야 한다.

에스　라　우나
• Es la una.　한 시입니다

손　라스　꾸아뜨로
• Son las cuatro.　네 시입니다.

(2) '～전이다'라는 표현으로는 'menos'를 사용하며, 15분을 나타낼 때는 cuarto를 사용하며, 30분을 나타낼 때는 media를 사용한다.

손　라스　뜨레스　이　메디아
• Son las tres y **media.**　3시 30분입니다.

손　라스　뜨레스　메노스　베인떼
• Son las tres **menos** veinte.　20분전 3시(＝2시 40분)입니다.

손 라스 뜨레스 이 꾸아르또
• Son las tres y **cuarto.** 3시 15분입니다.

엔 뽀르 라 마냐나
(3) en (por) la mañana 오전에

엔 뽀르 라 따르데
en (por) la tarde 오후에

엔 뽀르 라 노체
en (por) la noche 밤에

데 라 마냐나
de la mañana 오전

데 라 따르데
de la tarde 오후

데 라 노체
de la noche 저녁

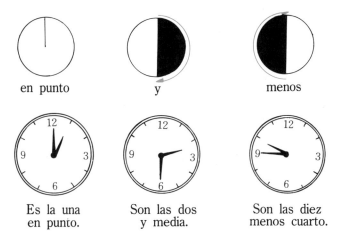

en punto   y   menos

Es la una   Son las dos   Son las diez
en punto.   y media.   menos cuarto.

(4) '~시에'라는 표현은 시간 앞에서 전치사 a를 쓴다.

엘 뜨렌 예가 아 라스 뜨레스
- El tren llega **a** las tres. 기차는 세 시에 도착합니다.

라 끌라세 엠삐에사 아 라스 오초 이 메디아
- La clase empieza **a** las ocho y media. 수업은 8시 30분에 시작합니다.

3. 어간모음 o>ue로 변하는 불규칙동사

원형동사 인칭	볼베르 **volver** 돌아가다	레꼬르다르 **recordar** 기억하다
yo	부엘보 **vuelvo**	레꾸에르도 **recuerdo**
tú	부엘베스 **vuelves**	레꾸에르다스 **recuerdas**
Ud.	부엘베 **vuelve**	레꾸에르다 **recuerda**
nosotros	볼베모스 **volvemos**	레꼬르다모스 **recordamos**
vosotros	볼베이스 **volvéis**	레꼬르다이스 **recordáis**
Uds.	부엘벤 **vuelven**	레꾸에르단 **recuerdan**

4. 어간모음 e>ie로 변하는 불규칙동사

인칭 \ 원형동사	엠뻬싸르 empezar 시작하다	께레르 querer 사랑하다	센띠르 sentir 느끼다
yo	엠뻬에쏘 empiezo	끼에로 quiero	시엔또 siento
tú	엠뻬에싸스 empiezas	끼에레스 quieres	시엔떼스 sientes
Ud.	엠뻬에싸 empieza	끼에레 quiere	시엔떼 siente
nosotros	엠뻬싸모스 empezamos	께레모스 queremos	센띠모스 sentimos
vosotros	엠뻬싸이스 empezáis	께레이스 queréis	센띠스 sentís
Uds.	엠뻬에싼 empiezan	끼에렌 quieren	시엔뗀 sienten

문 장 연 습

께 오라 띠에네스
1. **¿Qué hora tienes?** 몇 시니?

손 라스 오초 이 디에스 데 라 마냐나
Son las ocho y diez de la mañana. 아침 8시 10분이야.

아 께 오라 예가 엘 아비온
2. **¿A qué hora llega el avión?** 비행기는 몇 시에 도착하니?

예가 아 라스 꾸아뜨로 데 라 따르데
Llega a las cuatro de la tarde. 오후 4시에 도착해.

아 께 오라 떼르미나 라 끌라세
3. ¿A qué hora termina la clase? 수업은 몇 시에 끝나니?

떼르미나 아 라스 싱꼬 데 라 따르데
Termina a las 5 de la tarde. 오후 5시에 끝나.

아 께 오라 부엘베스 아 까사
4. ¿A qué hora vuelves a casa? 몇 시에 집에 돌아가니?

아 라스 시에떼 데 라 따르데
A las siete de la tarde. 오후 7시에.

아 께 오라 노스 베모스
5. ¿A qué hora nos vemos? 우리 몇 시에 만날까요?

노스 베모스 아 라스 뜨레스
Nos vemos a las tres. 3시에 만납시다.

아 께 오라 데사유나 우스뗀
6. ¿A qué hora desayuna usted? 당신은 몇 시에 아침을 듭니까?

요　　데사유노　　아　라스 시에떼
Yo desayuno a las　7 . 나는 7시에 듭니다.

❖ 필수회화 ❖

1. 다시 한번 말해 주세요의 표현

디가멜로　　오뜨라 베스
- **Dígamelo otra vez.** 다시 한번 저에게 말해주세요. (3인칭)

디멜로　오뜨라 베스
- **Dímelo otra vez.** 다시 한번 나에게 말해라. (2인칭)

뻬르돈
- **Perdón.** 다시 한번 말해주세요. (억양을 올려야 한다)

뻬르돈
※ **Perdón.** 미안합니다. (억양을 내린다)

레뻬따　　뽀르　파보르
- **Repita, por favor.** 한번 더 말해주세요.

레뻬떼
- **Repite.** 한번 더 말해라. (2인칭)

2. 언제까지~, 언제부터 ~의 표현

데스데   꾸안도 에스뚜디아   에스빠뇰
- **¿Desde cuándo estudia español?**   언제부터 당신은 스페
인어를 공부합니까?

요 에스뚜디오   에스빠뇰   데스데   아쎄   도스 아뇨스
- **Yo estudio español desde hace 2 años.**   나는 2년 전
부터 스페인어 공부를 합니다.

요 에스뚜디오   에스빠뇰   데스데 엘 아뇨   빠사도
- **Yo estudio español desde el año pasado.**   나는 작년
부터 스페인어 공부를 합니다.

아스따   꾸안도 바 아 에스따르 엔   꼬레아
- **¿Hasta cuándo va a estar en Corea?** 당신은 한국에 언제
까지 머물 예정입니까?

보이 아 에스따르 엔   꼬레아   아스따 엘 아뇨   쁘록시모
- **Voy a estar en Corea hasta el año próximo.** 나는 내년
까지 머물 예정입니다.

3. 왜 ~합니까?의 표현

뿌르 께 에스뚜디아   에스빠뇰
- **¿Por qué estudia español?**   당신은 왜 스페인어를 공부합
니까?

뿌르 께 바 아 라 에스따시온
- **¿Por qué va a la estación?** 당신은 정거장에 왜 갑니까?

❖ 연습문제 ❖

A. 다음 시계를 보고 시각을 말하시오.

1.   **2.**   **3.**   **4.**

5.   **6.**   **7.**   **8.**

B. 다음 물음에 답하시오.

1. ¿A qué hora llega el tren? (4 : 00 p.m)

2. ¿A qué hora vuelve a casa tu padre? (8 : 00 p.m)

3. ¿A qué hora empieza la película? (1 : 00 p.m)

4. ¿A qué hora quieres estudiar? (6 : 00 p.m)

5. ¿A qué hora llamas por teléfono a tu madre? (8 : 20 a.m)

6. ¿A qué hora comes? (1 : 00 p.m)

7. ¿A qué hora haces tus tareas? (5 : 00 a.m)

C. 다음 문장을 스페인어로 옮기시오.

1. 몇 시입니까?

2. 몇 시에 식사를 하십니까?

3. 수업은 오전 9시에 시작합니다.

4. 영화는 몇 시에 끝납니까?

5. 나는 집에 4시에 돌아갑니다.

해 답

A. 1. **Es la una y cuarto.**

   2. **Es la una menos cuarto(=quince).**

   3. **Son las dos menos veinte.**

   4. **Son las dos.**

   5. **Son las cinco menos cinco.**

   6. **Son las seis y cinco.**

   7. **Son las doce menos veinticinco.**

   8. **Son las diez en punto.**

B. 1. **El tren llega a las cuatro de la tarde.**

   2. **Mi padre vuelve a casa a las ocho de la tarde.**

   3. **La película empieza a la una de la tarde.**

   4. **Quiero estudiar a las seis de la tarde.**

   5. **Yo le llamo por teléfono a las ocho y veinte de la mañana.**

   6. **Como a la una de la tarde.**

7. Hago mis tareas a las cinco de la mañana.

C. 1. ¿Qué hora es?(=¿Qué hora tienes?)

2. ¿A qué hora come Ud.?

3. La clase empieza a las 9 de la mañana.

4. ¿A qué hora termina la película?

5. Vuelvo a casa a las cuatro.

세빌야의 명물 히랄다

Adoro

Adoro la calle en que nos vimos
La noche cuando nos conocemos
Adoro las cosas que me dices
nuestros ratos felices los adoro, vida mía,

Adoro la forma en que sonríes
Y el modo en que a veces me riñes
Adoro la seda de tus manos
los besos que nos damos los adoro, vida mía.

Y me muero por tenerte
Junto a mí cerca muy cerca de mí.
no separarme de ti
Y es que eres mi existencia mi sentir
eres mi luna, eres mi sol, eres mi noche de amor

Adoro el brillo de tus ojos
adoro la forma en que me miras
y hasta cuando suspiras yo te adoro, vida mía

✤✤✤✤✤✤✤✤✤✤✤✤✤✤✤✤✤

사랑해

나는 우리가 만났던 거리를 사랑하지
우리가 알게 되었던 그 저녁
당신이 나에게 말한 것들을 사랑하지
나의 사랑, 나는 우리들의 행복한 순간들을 사랑하지.

나는 당신이 미소짓는 모습을 사랑하지
때로는 나에게 화를 내는 모습도
당신의 비단같은 손을 나는 사랑하지
나의 사랑, 나는 우리가 가진 입맞춤들을 사랑하지.

나는 당신을 갖고 싶어 죽을 것 같아
내 곁에 아주 가까이 내 곁에
당신과 떨어지지 않고
당신은 나의 인생, 나의 느낌이야
당신은 나의 달, 당신은 나의 태양, 당신은 나의 사랑의 밤이지.

나는 당신의 빛나는 눈동자를 사랑하지
당신의 붉은 입술에 있는 달콤함도
당신이 나를 바라보는 모습을 사랑하지
당신이 한숨짓는 모습까지도 나는 사랑하지, 내 사랑아.

¿Qué fecha es hoy?

¿Qué fecha es hoy, Carlos?

Hoy es el 5 de mayo, día del Niño.

¿Qué día es hoy, Carlos?

Hoy es lunes, mañana, martes y pasado ma-

ñana, miércoles.

¿A qué estamos hoy, Carmen?

Estamos a 5 de mayo.

¿Cuántos años tienes, Carlos?

Yo tengo dieciocho años.

Y tú, ¿qué edad tienes?

Yo tambień tengo dieciocho años, pero cumplo

diecinueve en diciembre.

¿Cómo vas a celebrar tu cumpleaños?

Voy a celebrar una fiesta en casa.

¿Cuándo es tu cumpleaños, Carmen?

Mi cumpleaños es el 5 de julio.

¿No vas a ir a la clase?

¡Claro que sí!

본문번역 ●───────────────────────────

제11과 오늘은 며칠입니까?
까를로스, 오늘 며칠이니?
오늘은 5월 5일이야. 어린이 날이지.
까를로스, 오늘 무슨 요일이니?
오늘은 월요일, 내일은 화요일, 그리고 모레는 수요일이야.

까르멘, 오늘 며칠이니?

오늘은 5月 5日이야.

까를로스, 너는 몇 살이니?

18살이야.

너는, 몇 살이니?

나도 18살이야, 하지만 12月에 19살이 돼.

생일을 어떻게 치를 거니?

집에서 파티를 열 생각이야.

까르멘, 네 생일은 언제니?

내 생일은 7月 5日이야.

수업에 안 갈거니?

물론 가야지.

새로운 단어 ●

fecha ⑨ 날짜

hoy ⑨ 오늘

mayo ⑨ 5月

lunes ⑨ 월요일

martes ⑨ 화요일

miércoles ⑨ 수요일

mañana ⑨ 내일

         pasado~ : 모레

año ⑨ 해, 연, 나이

edad ⑨ 나이

cumplir ⑧ 완수하다, (나이를)

           채우다

diciembre ⑨ 12月

celebrar ⑧ 개최하다

cumpleaños ⑨ 생일

julio ⑨ 7月

volver ⑧ 돌아가다, 돌아오다

본문연구 ●────────────────────────

1. **¿Qué fecha es hoy?** 오늘이 며칠입니까?

   날짜를 묻는 표현이다. ¿A cuántos estamos hoy? ¿A qué estamos hoy?도 같은 질문이다.

2. **¿Qué día es hoy?** 오늘은 무슨 요일입니까?

   요일을 묻는 표현으로서 ¿Qué día de la semana es hoy?를 줄여서 쓴다.

3. **Estamos a 5 de mayo.** 오늘은 5월 5일이어요.

   우리는 날짜를 표현할 때, '~년 ~월 ~일'로 하지만 스페인어는 '~일 ~월 ~년'으로 표현한다. 그래서 위의 표현도 '~일'이 먼저 나온 것이다.

4. **¿Cuántos años tienes?** 몇 살이니?

   나이를 묻는 표현이다. ¿Qué edad tienes?도 같은 질문이다.

   ¿Cuántos años tiene la señorita Carmen?

   =¿Qué edad tiene la señorita Carmen?

5. Pero cumplo diecinueve en diciembre.

cumplir '책임·의무를 완수하다' 또는 '(나이를) 채우다'라는 뜻
이나 우리말로 하면 '~세가 됨'을 뜻한다.

6. ¡Claro que sí! 물론

상대방의 의견에 절대적으로 동의했을 때 사용하는 표현으로 많이
쓰인다. 절대 긍정의 의사표현이다.

문법해설 ●

1. 기 수

101	ciento uno	102	ciento dos
103	ciento tres	114	ciento catorce
200	doscientos/doscientas	300	trescientos/trescientas
400	cuatrocientos/as	500	quinientos/as
600	seiscientos/as	700	setecientos/as
800	ochocientos/as	900	novecientos/as
1.000	mil	1.001	mil uno/una
2.000	dos mil	3.000	tres mil
1.000.000	un millón		

※ 스페인어에서는 천 단위에 콤마(,) 대신에 소수점(.)을 치는 것을 유의해야 한다. 반면 소수점(.)은 콤마(,)를 사용한다.

(1) ciento는 명사 앞에서는 남·여성을 막론하고 '-to'가 탈락된다.

　　cien casas　백 채의 집

　　cien libros　백 권의 책

(2) 200~900까지는 남·여성이 구별된다.

　　doscientas casas　200채의 집

　　doscientos libros　200권의 책

(3) 1,000은 un mil로 하지 않고 mil로 쓰며 복수형이 없다.

　　mil estudiantes　1,000명의 학생

　　dos mil estudiantes　2,000명의 학생

(4) millón은 명사로 사용되며, 뒤에 오는 다른 명사를 수식하기 위해서는 전치사 de가 필요하다.

　　un millón de habitantes　백만 명의 주민들

2. 날짜 · 요일 · 계절

(1) 주 : la semana

월요일	el lunes	화요일	el martes
수요일	el miércoles	목요일	el jueves
금요일	el viernes	토요일	el sábado
일요일	el domingo		

※ 요일을 나타내는 명사는 Ser동사의 보어를 제외하고는 항상 관사를 동반한다.

※ 복수형이 되면 los domingos "매주 일요일"이라는 뜻이 된다.

(2) 요일을 묻고 대답하는 표현

• ¿Qué día (de la semana) es hoy? 오늘은 무슨 요일입니까?

• Hoy es sábado. 오늘은 토요일입니다.

(3) 월 : el mes

1월	enero	2월	febrero	3월	marzo
4월	abril	5월	mayo	6월	junio
7월	julio	8월	agosto	9월	septiembre
10월	octubre	11월	noviembre	12월	diciembre

• Voy a España en diciembre. 나는 12月에 스페인에 갑니다.

• Febrero es el segundo mes del año. 2月은 일년의 두 번째 달
입니다.

※ 달은 주어가 되든 전치사의 목적어가 되든 관사를 동반하지 않는다.

(4) 날짜를 묻고 대답하는 표현

• ¿A cuántos estamos hoy? 오늘은 며칠입니까?

Estamos a 5 de abril. (정관사 생략) 4월 5일입니다.

• ¿Qué fecha es hoy? 오늘은 며칠입니까?

Hoy es 21 de agosto. 오늘은 8월 21일입니다.

(5) 연·월·일의 완전한 표현

• 1989년 4월 15일 : el 15 de abril de 1989.

• 1991년 8월 19일 : el 19 de agosto de 1991.

(6) 계절 : la estación

• 봄 la primavera　　• 여름 el verano

• 가을 el otoño　　• 겨울 el invierno

※ 여름에 : en (el) verano

1. **¿Qué día es hoy?** 오늘은 무슨 요일입니까?

   Hoy es lunes. 월요일입니다.

2. **¿A cuántos estamos hoy?** 오늘은 며칠입니까?

   Hoy estamos a veintidós de agosto de mil novecientos

   noventa y uno. 오늘은 1991년 8월 22일입니다.

3. **¿Cuándo es tu cumpleaños?** 언제가 네 생일이니?

   Mi cumpleaños es el 7 de julio. 내 생일은 7월 7일이야.

4. **¿Cuántos años tienes?** 너는 몇 살이니?

   Tengo 22 años. 나는 22살이야.

5. **¿Qué fecha es el día del Niño?** 어린이날은 며칠입니까?

   Es el 5 de mayo. 5월 5일입니다.

❖ 필수회화 ❖

1. 무엇을 하려 합니까?의 표현

- **¿Qué va a hacer esta tarde?** 오늘 오후에 당신은 무엇을 하려 합니까?

- **Voy a ir al cine.** 극장에 가려 합니다.

- **¿Qué va a hacer este fin de semana?** 당신은 주말에 무엇을 하려 합니까?

- **Voy a subir a la montaña.** 나는 등산을 하려 합니다.

- **¿Qué hace usted ahora?** 지금 당신은 무엇을 합니까?

- **Yo veo la televisión.** 나는 TV를 봅니다.

2. 일요일마다, 매일매일 등의 표현

- **¿A dónde va usted los domingos?** 일요일마다 당신은 어디를 갑니까?

- **Los domingos voy al cine.** 일요일마다 나는 극장에 갑니다.

- **¿Estudia usted español todos los días?** 당신은 매일같이 스페인어 공부를 합니까?

- **¿Trabaja usted todos los días?** 당신은 매일같이 일합니까?

- **Sí, yo trabajo todos los días.** 예, 나는 매일같이 일합니다.

❖ 연습문제 ❖

A. 다음 숫자를 읽으시오.

1. 45 estudiantes.

2. 150 profesores.

3. 1.998 casas.

4. 436 días.

B. 다음 물음에 스페인어로 답하시오.

1. ¿Qué día es hoy?

2. ¿Qué día es mañana?

3. ¿Qué fecha es mañana?

4. ¿Qué fecha es la Navidad?

5. ¿Qué fecha es el Año Nuevo?

C. 다음 문장을 스페인어로 옮기시오.

1. 내일 모레는 수요일입니다.

2. 나는 46살입니다.

3. 당신의 누이는 몇 살입니까?

4. 까르멘 아버지의 생신은 9월 5일입니다.

해 답

A. 1. Cuarenta y cinco estudiantes.

2. Ciento cincuenta profesores.

3. Mil novecientas noventa y ocho casas.

4. Cuatrocientos treinta y seis días.

B. 1. Hoy es lunes.

2. Mañana es martes.

3. Mañana es 19 de agosto de 1992.

4. La Navidad es el veinticinco de diciembre.

5. El Año Nuevo es el primero de enero.

C. 1. Pasado mañana es miércoles.

2. Tengo 46 años.

3. ¿Qué edad tiene su hermana mayor?

4. El cumpleaños del padre de Carmen es el 5 de septiembre.

LECCION
— *12* — ¿Qué tiempo hace hoy?

¿Qué tiempo hace hoy?

Hoy hace buen tiempo, pero hace calor.

Ya estamos en verano. A veces llueve mucho.

¿Qué tiempo hace en tu país?

En mi país hace mal tiempo estos días.

¿Qué tiempo hace en invierno?

Hace frío y hace mal tiempo.

¿Qué tiempo hace en otoño?

Durante los meses de septiembre, octubre y

noviembre hace fresco.

¿Nieva en Madrid en invierno?

No, casi no nieva en Madrid.

¿Cómo es el clima de invierno en Andalucía?

El clima es muy agradable, ni frío ni calor.

¿Cuándo empieza a hacer frío en Corea?

Empieza en noviembre.

본문번역 ●───────────────────────

제12과 오늘 날씨 어떻습니까?
오늘 날씨 어떠니?
오늘 날씨는 좋아요. 그러나 더워요.
벌써 여름이야. 때때로 비가 많이 와.
너희 나라에선 날씨가 어떠니?
우리 나라에선 요즘 날씨가 안 좋아.
겨울에는 날씨가 어떠니?
춥고 날씨가 나빠.
가을에는 날씨가 어때?
9月, 10月 그리고 11月에는 선선해.

마드리드에서는 겨울에 눈이 오니?

아니, 마드리드에서는 거의 눈이 오지 않아.

안달루시아에서는 겨울에 기후가 어때?

기후가 아주 좋아. 덥지도 춥지도 않아.

한국에서는 언제 추위가 시작되니?

11月에 시작돼.

새로운 단어 ●

tiempo ㉾ 날씨, 시간

hacer ㉾ 만들다

calor ㉾ 열, 뜨거움, 더위

llover ㉾ 비가오다

país ㉾ 나라

frío ㉾ 추위 ㉾ 차가운

estación ㉾ 계절, 역,

nevar ㉾ 눈이 내리다

clima ㉾ 기후, 풍토

aquí ㉾ 여기

empezar ㉾ 시작하다

allí ㉾ 저기

agradable ㉾ 쾌적한, 상쾌한

본문연구 ●

1. ¿Qué tiempo hace hoy? 오늘 날씨 어때요?

이 경우 '날씨 좋아요' 할 때는 'Hace buen tiempo'라고 하며,

제12과 오늘 날씨 어떻습니까? *185*

'날씨가 나빠요'라고 할 때는 'Hace mal tiempo'라고 답하면 된다. Hace는 원형 hacer 동사의 3인칭 단수로서 날씨를 표현할 때 주어 없이 무인칭 동사로 쓰인다.

2. ¡Claro!

'물론', '아무렴'의 뜻으로 'Por supuesto', '¡Cómo no!', 'Naturalmente'와 같은 표현으로 쓴다.

3. 날씨를 묻는 표현

- ¿Cómo es el clima? 기후는 어떻습니까?

- ¿Cómo es el tiempo? 날씨는 어떻습니까?

- ¿Qué tiempo hace hoy? 오늘 날씨는 어떻습니까?

4. Llueve mucho 비가 많이 오다

Llueve는 원형 llover의 3인칭 단수로만 변화하는 불구동사이다. 이러한 동사로는 주로 자연현상을 나타낸다.

5. ¿Cuándo empieza a hacer frío? 언제 추위가 시작되니?

empezar a + 동사원형 ～하기 시작하다

• La niña empieza a llorar. 소녀는 울기 시작한다.

• Empieza a llover. 비가 오기 시작한다.

empezar 동사는 어간 e → ie로 변하는 불규칙동사이며 empezar
a＋동사원형은 comenzar a＋동사원형과 같은 뜻을 갖는다.

문법해설 ●

1. Empezar a＋동사원형(＝comenzar a＋inf.)

'～하기 시작하다'의 뜻이다. 동사와 동사가 결합할 때 전치사 없이
결합되는 동사가 있는 반면 전치사 a(volver a～, ayudar a～, apren-
der a～)와 결합해야 하는 동사들이 있다. 주로 시작을 나타내는 동사
들이 전치사 **a**를 취한다.

2. 날씨 표현

날씨를 표현할 때는 hacer동사의 3인칭 단수형인 hace를 사용한다.
그러나 '비가 오다', '눈이 오다' 할 때는 llover, nevar동사의 3인칭
단수를 쓴다.

• Hoy hace viento y está nublado.   오늘은 바람이 많이 불고 구
름이 끼었다.

• Hoy llueve(nieva).   오늘 비가 온다(오늘 눈이 온다).

¿Qué tiempo hace hoy? ⇨	Hoy	hace	calor./frío. buen tiempo. sol. mal tiempo. viento. fresco.
			llueve. nieva.

※ llover, nevar 등 일기를 나타내는 동사들은 3인칭 단수 변화만 한
다.

3. 형용사의 어미탈락

다음의 형용사들은 남성단수명사 앞에서 어미 -o가 탈락한다. 이 형
용사가 명사 뒤에 오면 -o는 탈락하지 않는데 주의할 것.(uno,
bueno, malo, alguno, ninguno, primero, postrero, tercero)

① Él es un hombre **bueno**.

Él es un **buen** hombre. 그는 착한 사람이다.

② Él es un hombre **malo**.

Él es un **mal** hombre. 그는 나쁜 사람이다.

③ Vivimos en el piso **primero**.

Vivimos en el **primer** piso. 우리들은 1층에 살고 있다.

④ Mi clase está en el piso **tercero**.

Mi clase está en el **tercer** piso. 나의 교실은 3층에 있다.

⑤ Ella tiene una casa **grande**.

Ella tiene una **gran** casa. 그녀는 큰 집을 갖고 있다.

〈주의〉 grande는 단수 명사 앞에서 gran이 된다.

4. Mucho / Muy

(1) Mucho(**-cha**)

⟨형⟩ • Tengo **muchos** libros. 나는 많은 책을 갖고 있다.

⟨대⟩ • **Muchos** no lo saben. [관사없이]

많은 이들이 그것을 모른다.

⟨부⟩ • Uds. trabajan **mucho**. 당신들은 일을 많이 합니다.

• Te quiero **mucho**. 나는 너를 매우 사랑한다.

(2) **Muy** 부사 : mucho가 형용사·부사 앞에 붙을 때의 형태

• Tengo **muy** buenos amigos. 나는 매우 좋은 친구들이 있다.

• Ella es **muy** bonita. 그녀는 매우 아름답다.

• **Muy** bien. 매우 좋다.

문 장 연 습

1. **¿Qué tiempo hace en Corea?** 한국에는 날씨가 어떻습니까?

En verano hace mucho calor y en invierno hace frío. 여름에는 무척 덥고 겨울에는 춥습니다.

2. **¿Cómo es el clima en Corea?** 한국의 날씨가 어떻습니까?

El clima es muy agradable en primavera y otoño.

봄과 가을에는 날씨가 매우 쾌적합니다.

3. **¿Qué tiempo hace hoy?** 오늘 날씨가 어떻습니까?

Hoy llueve mucho. 오늘 비가 많이 옵니다.

4. **¿Qué tiempo hace hoy?** 오늘 날씨가 어떻습니까?

Hoy hace buen tiempo y hace sol. 오늘 날씨가 좋습니다. 그리고 해가 납니다.

5. **¿Qué tiempo hace hoy?** 오늘 날씨가 어떻습니까?

Hace mal tiempo. Está nublado. 오늘 날씨가 나쁩니다. 구름이 끼었어요.

❖ 필수회화 ❖

1. Poder (~할 수 있다)를 사용한 표현

• **¿Puedo fumar aquí?** 여기서 제가 담배를 피울 수 있습니까?

• **Sí, puede fumar.** 예, 당신은 피울 수 있습니다.

• **¿Puedo abrir la ventana?** 제가 창문을 열 수 있습니까?

• **Sí, puede abrir la ventana.** 예, 당신은 열 수 있습니다.

- **¿Puede usted darme un cigarrillo?** 저에게 담배 하나 주실 수 있습니까?

- **Sí, cómo no.** 물론이지요.

2. 화가 나다(estar 동사 + 과거분사型의 표현)

- **Estoy enfadado.** 나는 화가 나 있다.

- **Estoy enfadado con usted.** 나는 당신에게 화나 있다.

- **Estoy enojado.** 나는 화가 나있다.(중남미에서 선호하는 표현)

- **¿Estás enfadado con tu padre?** 너는 아버지에게 화났니?

- **Sí, estoy enfadado con él.** 예, 나는 아버지에게 화났어요.

3. 만족하다, 기쁘다

- **Estoy contento.** 나는 만족한다.

- **Me alegro mucho de oírlo.** 그 말을 들으니 나는 매우 기쁩니다.

- **Estoy satisfecho.** 나는 만족한다.

- **Me alegro mucho de verle.** 당신을 보게 되니 나는 매우
기쁩니다.

❖ 연습문제 ❖

A. 다음 물음에 답하시오.

   1. ¿Qué tiempo hace en verano en tu país?

   2. ¿Cuándo empieza a hacer frío en Corea?

   3. ¿Es agradable el tiempo en primavera?

   4. ¿Nieva mucho en invierno?

B. 다음 문장을 스페인어로 옮기시오.

   1. 오늘은 비가 오고 바람이 붑니다.

   2. 마드리드는 여름에 매우 덥습니다.

   3. 가을에 날씨가 쾌적합니다. 왜냐하면 춥지도 덥지도 않기 때문입
니다.

해 답

A. 1. En mi país hace mucho calor y llueve mucho en verano.

2. En Corea empieza a hacer frío en noviembre.

3. Sí, el tiempo es muy agradable.

4. Sí, nieva mucho pero de vez en cuando.

B. 1. Hoy llueve y hace viento.

2. En Madrid hace mucho calor en verano.

3. En otoño el tiempo es muy agradable porque no hace frío ni calor.

마드리드 중심가에 있는 스페인 광장

¿Qué hay de nuevo, Carlos?

Nada de particular, ¿y tú?

Muy bien, gracias.

Ahora quiero dar un paseo por el centro de

Seúl.

Buena idea. Te acompaño. Todavía no conozco

Seúl.

Ésta es la avenida olímpica, donde están el

estadio olímpico y el parque olímpico.

Hay muchos automóviles en las calles.

Hay tanto tráfico como en Madrid.

¿Conoces la ciudad de Madrid?

No, yo no conozco Madrid.

¿Cuántos habitantes hay en Madrid?

Hay unos 4 millones de habitantes.

Entonces, ¿cuántos habitantes hay en Seúl?

Hay más de 10 millones de habitantes. Seúl es

una gran ciudad.

Oye, Juan. ¿Sabes dónde está la calle de

Chong-ro?

No lo sé. Lo siento.

¿Conoces al profesor Park?

Sí, le conozco muy bien.

Bueno, vamos a llamarle por teléfono.

De acuerdo.

본문번역 ●

제13과 서울을 산보하고 싶습니다.

까를로스, 별 일 없니?

특별한 일 없어, 너는 어떠니?

잘 지내, 고마워.

지금은 서울 시내를 구경하려고 해.

좋은 생각이야. 나도 너를 따라갈께. 나도 아직 서울을 모르거든.

이것이 올림픽대로야, 이곳에 올림픽 경기장과 올림픽 공원이 있지.

거리에는 차가 많고 마드리드 만큼 교통량이 많아.

마드리드를 아니?(가 본 적 있니?)

아니, 마드리드를 가 본 적이 없어.

마드리드에는 인구가 얼마나 되니?

약 400만이야.

그렇다면 서울은 인구가 얼마나 되니?

천만명이 넘어. 서울은 큰 도시지.

이봐, 후안. 너 종로거리가 어디인 줄 아니?

아니, 몰라. 미안해.

너 박교수님 아니?

응, 그분을 잘 알지.

좋아, 그럼 전화를 걸자.

좋아. (찬성이다)

새로운 단어 ●

pasear 자동 산책하다, 산보하
다, 구경하다

nuevo, (**-va**) 형 새, 새로운

paseo 남 산책, 산보

nada 여 무, 허무 de~ : 천만
에요

particular 형 특별한

centro 남 중심, 시내

idea 여 생각, 관념

todavía 부 아직, 아직까지

conocer 타동 알다

avenida 여 거리, 대로

olímpico, (**-ca**) 형 올림픽의

estadio 남 경기장

parque 남 공원

automóvil 남 자동차

tráfico 남 교통

como 접 ~처럼, ~와 같이

habitante 남 인구

calle 여 거리

llamar 타동 부르다 ~por telé-
fono＝telefonear : 전화하다

teléfono 남 전화

본문연구 ●───────────────────────────────

1. **Quiero pasear por Seúl.** 서울을 산보하고 싶다.

   pasear는 dar un paseo로도 쓸 수 있다. 여기서 por는 '~를 들러 서' '~를 통과해서 가다'라고 할때 사용된다.

2. **¿Qué hay de nuevo?**

   '별일 없니?', '특별한 일 없니?', '새로운 일 없니?' 등으로 해석된다. 보통 ¿Qué hay?도 많이 사용한다.

3. **Todavía no conozco Seúl.** 아직 서울을 몰라.

   conocer는 '사람을 알다'와 함께, '도시를 알다, 모른다' 할 때에 도 conocer 동사를 쓴다.

4. **Oye, Juan.** 이봐, 후안.

   'oye'라는 표현은 스페인에서 사람을 부를 때 가장 많이 쓰는 표현 이다. 친구나 가까운 사이에서 사람을 부를 때 쓴다.

문법해설 ●────────────────────────────

1. 직접 목적 대명사

(1) 형 태

인칭 \ 수	단 수	복 수
1	**me** 나를	**nos** 우리들을
2	**te** 너를	**os** 너희들을
3	**le** 당신을, 그를 **lo** 당신을, 그를, 그것을 **la** 당신을, 그녀를, 그것을	**les** 당신들을, 그들을 **los** 당신들을, 그들을, 그것들을 **las** 당신들을, 그녀들을, 그것들을

※ 3인칭 단수 남성형의 경우, 사람에게는 le와 lo를, 사물에게는 lo를
사용할 수 있다.

(2) 용 법

직접 목적 대명사의 위치는 동사 바로 앞에 놓인다. 그러나 한 문
장에 조동사와 본동사가 함께 사용된 문장에서는 조동사 앞에 놓이
거나, 본동사의 어미에 붙여 쓴다.

- Ellos esperan a Juan en la cafetería. 그들은 카페에서 후안을 기다린다.

  → Ellos **le** (**lo**) esperan en la cafetería. 그들은 카페에서 그를 기다린다.

- Veo un avión. 나는 비행기를 본다.

  → Yo **lo** veo. 나는 그것을 본다.

- Leo una novela. 나는 소설을 읽는다.

  → Yo **la** leo. 나는 그것을 읽는다.

- Voy a visitar a Juan. 나는 후안을 방문하려 한다.

  → Voy a visitar**le**. (=**Le** voy a visitar.) 나는 그를 방문하려 한다.

목적 대명사에 있어서 사람을 가리킬 때 중복형을 사용할 수 있다. 중복형을 사용하면 뜻이 명확해진다.

- Yo les enseño **a Uds.** 나는 당신들을 가르친다.

- Yo te quiero **a ti.** 나는 너를 사랑한다.

- Nosotros la vemos **a Carmen**. 우리들은 까르멘을 바라본다.

2. 불규칙 동사 직설법 현재 변화

인칭	원형	ver 보다	conocer 알다	saber 알다
단수	1	veo	conozco	sé
	2	ves	conoces	sabes
	3	ve	conoce	sabe
복수	1	vemos	conocemos	sabemos
	2	veis	conocéis	sabéis
	3	ven	conocen	saben

3. Conocer 와 Saber 동사의 비교

Conocer나 saber는 다같이 '알다'라는 뜻이지만 conocer는 주로 체험적으로 무엇인가 알고 있을 때, 즉 어느 장소를 가 보아서 안다거나 사람을 안다고 할 때 사용되고, saber는 사건이나 기능적으로 ~을 할 줄 안다 등을 나타낼 때 쓰인다.

• **¿Conoce** Ud. Seúl? 당신은 서울에 가보신 적 있으세요 ?

• **¿Conoce** a Marisol? 당신은 마리솔을 알아요 ?

• Mucho gusto en **conocerle** a Ud. 당신을 알게 돼서 반갑습니다.

• Tú **sabes** la verdad. 너는 진실을 안다.

• Ella **sabe** hablar francés. 그녀는 프랑스어를 할 줄 안다.

• Muchos estudiantes **saben** tocar la guitarra. 많은 학생이 기타를 칠 줄 안다.

• Él **sabe** conducir. 그는 운전할 줄 안다.

문 장 연 습

1. Oye, Micaela, ¿conoces a Manuel? 이봐, 미카엘라, 너 마누엘을 아니?

No, no le conozco personalmente, pero le conozco de oído. 아니, 나는 그를 개인적으로는 몰라, 그러나 들어서 알고 있지.

2. ¿Conoces Chile? 너는 칠레에 가 본 적 있니?

No, todavía no lo conozco. 아니, 아직 그곳에 가 본 적이 없어.

3. **¿Sabe Ud. dónde está la avenida olímpica?** 올림픽대로가 어디 있는지 당신은 아십니까?

No lo sé. Lo siento mucho. 아니요, 모르는데요. 대단히 죄송합니다.

4. **¿Quieres sacar una foto aquí?** 너 여기서 사진 한장 찍을래?

De acuerdo. 좋아.

5. **¿Sabe usted conducir?** 당신은 운전을 할 줄 압니까?

Sí, sé conducir. 예, 나는 운전할 줄 압니다.

❖ 필수회화 ❖

1. 길을 물어보는 표현

• **¿Puede usted decirme dónde está Correos?** 우체국이 어디에 있는지 저에게 말해 줄 수 있습니까?

- **Está cerca del Ayuntamiento.** 시청 가까이에 있습니다.

- **¿Dónde está el estadio olímpico de Barcelona?** 바르셀로나 올림픽 경기장이 어디에 있습니까?

- **Está al pie del monte Montjuich.** 몬쥬익산 기슭에 있습니다.

- **¿Dónde está la estación de ferrocarril?** 기차역이 어디에 있습니까?

- **Está muy lejos de aquí.** 여기서 매우 멀리 있습니다.

2. 택시나 버스를 탈 때의 대화

- **Voy a tomar el taxi.** 나는 택시를 타려고 합니다.

- **Chófer, vamos a la Plaza Mayor.** 운전수, 중앙 광장까지 갑시다.

- **¿Puede llevarme a la calle de Cervantes, No. 58?** 저를 세르반테스街 58번지까지 데려다 주실 수 있습니까?

- **Usted debe cambiar de autobús en Chong-ro.** 당신은 종로에서 버스를 갈아타야만 합니다.

- **¿Cuánto es?** 얼마입니까?

- **¿Cuánto me cobra?** 얼마입니까?

- **Tome el cambio.** 잔돈을 가지세요.

- **Es para usted.** 당신에게 드립니다.

- **Es la propina.** 팁입니다.

❖ 연습문제 ❖

A. 인칭 변화를 시켜 써 넣으시오.

1. Yo ＿＿ ir a Colombia.(poder)

2. Nosotros los ＿＿ a veces.(ver)

3. Ellos ＿＿ a casa a las ocho de la noche.(volver)

4. Yo ＿＿ Seúl.(conocer)

B. 다음 문장을 스페인어로 옮기시오.

1. 나는 너를 안다.

2. 그녀는 당신들을 모른다.

3. 후안과 나는 칠레에 가 본 적이 있다.

4. 칠레는 아름다운 나라이다.

해 답

A. 1. puedo   **2.** vemos   **3.** vuelven   **4.** conozco

B. 1. Yo te conozco.

    2. Ella no les conoce a Uds.

    3. Juan y yo conocemos Chile.

    4. Chile es un país hermoso.

La Golondrina

¿A donde irá veloz y fatigada
la golondrina que de aquí se va.
oh, si en el viento se hallará extraviada
buscando abrigo y no lo encontrará?

Junto a mi lecho le pondré su nido
en donde pueda la estación pasar
También yo estoy en la región perdida
¡oh, cielo santo y sin poder volar!

Dejé también mi patria idolatrada
esa mansión que me miró nacer
mi vida es hoy errante y angustiada
y ya no puedo a mi mansión volver
Ave querida, amada peregrina,
mi corazón al tuyo estrecharé
oiré tu canto, tierna golondrina
Recordaré mi patria y lloraré

→→→→→→→→→→→→→→→→→→→

제 비

여기를 떠나가는 제비는
아, 혹시 바람 속에서 은둔처를 찾다가 길을 잃었나,
아니면 은둔처를 찾지 못하나?

내 침대 곁에 그의 보금자리를 만들어주리
그곳에서 계절을 보낼 수 있으리라.
나도 역시 이 지방에서 길을 잃었네
오, 하느님, 날을 수도 없구나.

나도 역시 사랑하는 조국을 등졌네
내가 태어난 집도
나의 삶은 오늘 방황하고 고뇌스러우며
이제 나는 집으로 돌아갈 수도 없네
사랑하는 제비야, 배회하는 여인이여,
나의 가슴으로 당신의 가슴을 안으리라.
당신의 노래를 들으리라, 다정한 제비야.
나의 조국을 생각하며, 나는 눈물 흘린다.

→→→→→→→→→→→→→→→→→→→→→

LECCION
— 14 — Te llamo por teléfono.

¿Oiga?

Sí, dígame.

Yo soy Carlos, amigo de Carmen.

¿Está Carmen ahora en casa?

No, de momento no está en casa.

¿Sabe usted a qué hora vuelve?

No lo sé. Lo siento.

¿Quiere dejar algún recado para Carmen?

No, gracias. Vuelvo a llamar más tarde.

(Carlos llama por teléfono otra vez)

¿Oiga?

¿Está Carmen, por favor?

¿De parte de quién?

Soy Carlos, amigo de Carmen.

Espere un momento. Le pongo.

¿Hola? Soy Carmen. ¿Quién eres?

Soy Carlos. ¿Quieres ir al cine conmigo?

Sí, con mucho gusto. Es un placer ir contigo.

Nos vemos en mi casa a las seis.

De acuerdo. ¡Hasta luego!

본문번역 ●────────────────────────

제14과   너에게 전화할께.

여보세요.

예, 말씀하세요.

전 까르멘 친구 까를로스입니다.

지금 까르멘 집에 있나요?

아니요. 지금 집에 없는데요.

몇 시쯤 돌아오는지 아시나요?

죄송해요. 모르겠는데요.

까르멘에게 무슨 메시지를 남기시겠어요?

아니요, 감사합니다. 다시 전화하죠.

(까를로스 다시 전화를 한다)

여보세요?

까르멘 있어요?

누구시라 전할까요?

까르멘 친구 까를로스입니다.

잠시만 기다리세요. 바꿔드리죠.

여보세요. 까르멘인데. 누구지?

나야 까를로스. 나랑 극장 갈래?

물론이지, 너랑 가는 것이 기뻐.

여섯 시에 우리집에서 봐.

좋아. 나중에 봐!

llamar 타동 부르다

teléfono 남 전화

telefonear 타동 전화를 걸다

    (=llamar por teléfono)

decir 타동 말하다

dejar 타동 남기다, 놓다, 허락하

    다

recado 남 전하는 말, 메모, 메

    시지

parte 여 부분, 일부

cine 남 극장, 영화관

poner 타동 놓다, (전화에서는)

    연결해주다

placer 남 기쁨, 즐거움

luego 부 그리고 나서, 후에,

    곧

momento 남 순간, 잠깐

de acuerdo 좋아, OK

본문연구 ●

1. ¿Diga? ¿Oiga?

    decir동사의 명령형, 여기서는 전화받을 때 쓰는 용어로 Diga는 '말씀하세요'가 된다. 전화를 거는 사람은 Oiga(여보세요)라고 하며, 전화를 걸 때나 받을 때 그냥 '여보세요'라고 하는 표현은 주로 ¡Aló!라고 한다.

2. Vuelvo a llamar más tarde. 나중에 다시 전화하죠.

volver a＋동사원형 '다시 ～하다'

• Yo vuelvo a fumar. 나는 담배를 (끊었다가) 다시 피운다.

3. llamar por teléfono.(＝telefonear) 전화하다

telefonear '전화하다'라는 동사로 표현할 수 있다.

4. ¿De parte de quién? 누구시죠?

de parte de～는 '～의 편에서' '～쪽에서'라는 표현이다. 그러므로 '누구십니까?' '누구라고 전할까요?'라는 뜻으로 사용되며 ¿Con quién hablo? '내가 누구랑 말하고 있죠' 즉 '누구시죠'로 많이 사용된다.

5. Es un placer ir contigo.

무인칭 구문으로 ir contigo가 주어가 되고 un placer는 보어의 역할을 한다.

• Es un placer conocerle. 만나뵙게 돼서 기쁩니다.

문법해설 ●

1. 불규칙 동사의 직설법 현재형

인칭 ＼ 원형동사	oír	venir	decir
yo	oigo	vengo	digo
tú	oyes	vienes	dices
él, ella, Ud.	oye	viene	dice
nosotros	oímos	venimos	decimos
vosotros	oís	venís	decís
ellos, ellas, Uds.	oyen	vienen	dicen

2. 전치격 인칭대명사

전치사 다음에 쓰이는 인칭대명사를 전치격 인칭대명사라 한다.

(1) 형 태

인칭	단 수	복 수
1	mí	nosotros(-as)
2	ti	vosotros(-as)
3	él	ellos
	ella	ellas
	usted	ustedes

(2) 용 법

① 1인칭, 2인칭 단수는 **mí, ti**로 변한다.

- Ella compra un libro para **mí**. 그녀는 나를 위해 책을 산다.

- Yo pienso en **ti**. 나는 너를 생각하고 있다.

② 전치사 con이 mí와 함께 사용하면 conmigo가 되며 con이 ti와 함께 사용하면 contigo가 된다.

- El quiere ir al cine **conmigo**. 그는 나와 함께 극장에 가기를 원한다.

- Yo deseo comer **contigo**. 나는 너와 함께 식사하고 싶다.

3. 간접 목적 대명사

(1) 형 태

인칭＼수	단 수		복 수	
1	**me**	나에게	**nos**	우리들에게
2	**te**	너에게	**os**	너희들에게
3	**le(se)**	그에게 당신에게 그녀에게	**les(se)**	그들에게 당신들에게 그녀들에게

(2) **용법**

간접목적대명사의 위치는 동사의 앞에 오며, 사람의 경우 중복형을 사용할 수 있다.

• Yo le escribo una carta **a usted.** 나는 당신에게 편지를 쓴다.

(3) 간접목적대명사와 직접목적대명사가 동시에 사용되면 전자가 앞에 위치한다. 두 대명사가 모두 3인칭인 경우에는 간접목적대명사 **le, les**는 **se**로 바뀌어 쓰인다.

• El me lo da. 그는 나에게 그것을 준다.

• Ella **le** lo da. ── Ella **se** lo da. 그녀는 그에게 그것을 준다.

문 장 연 습

1. **¿Oiga?** 여보세요?

   Sí, dígame. 예, 말씀하세요.

   Habla Luis, amigo de Gómez. 전 루이스라고 합니다. 고메쓰 친구죠.

¿Puedo hablar con Gómez? 고메스와 통화할 수 있습니까?

No, en este momento no está en casa. 아니요, 지금 집에 없는데요.

2. **¿Sabe Ud. a qué hora vuelve?** 몇 시쯤 돌아올까요?

No lo sé. Lo siento. 모르겠는데요. 죄송합니다.

¿Con quién hablo? 누구시죠?

Soy su mujer. 집사람 되는데요.

Muchas gracias, luego voy a llamarle otra vez.

Adiós. 감사합니다, 다시 전화 하겠습니다. 안녕히 계세요.

Adiós, hasta luego. 안녕히 계세요.

introducir la moneda

marcar el número

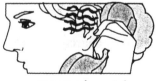

esperar la señal

hablar con su novia

Quiero hablar con el señor Kim. 나는 김선생님과 통화하고 싶습니다.

Sí, señor. ¿De parte de quién? 예, 선생님. 누구시라고 할까요?

❖ 필수회화 ❖

1. 스페인에서 서울로 콜렉트·콜(수신자 부담) 전화를 할 때

• ¡Aló! buenas tardes, operadora. 여보세요! 교환양, 안

녕하세요.

• Quiero telefonear a Seúl a cobro revertido. 서울까지

콜렉트·콜로 전화를 하고 싶습니다.

• ¿Qué número es para Seúl? 서울의 전화번호는 무엇입니까?

nueve/sesenta y uno/cuarenta y dos/cuarenta y uno.

961-4241입니다.

- **¿Sabe usted el código regional?** 당신은 지역번호를 압니까?

- **Sí, para Seúl, 02.** 네, 서울은 02입니다.

- **No cuelgue el teléfono y espere, por favor.** 전화를 끊지 말고 기다리세요.

- **Gracias.** 고맙습니다.

2. 누구시라고요? (전화에서)

- **¿Con quién hablo?** 누구시지요?

- **¿De parte de quién?** 누구시라고 할까요?

- **¿Quién es?** 당신은 누구십니까?

❖ 연습문제 ❖

A. 다음 문장을 스페인어로 옮기시오.

1. 여보세요, 아니따 집에 있어요?

2. 실례지만, 누구시죠?

3. 저는 후안이라고 해요. 아니따 친구죠.

4. 아니따랑 연극을 보러 갈까 해서요.

5. 5시에는 집에 있을 거예요. 다시 전화해요.

해 답

A. 1. Haló, ¿está Anita en casa?

2. ¿De parte de quién, por favor?

3. Yo soy Juan, amigo de Anita.

4. Para ir al teatro con Anita.

5. A las 5 ella está en casa. Puedes llamar otra vez.

스페인의 축제 모습

LECCION
— 15 — En el hotel.

Buenas noches, señor.

Bienvenido al hotel Cervantes.

Buenas noches.

¿En qué puedo servirle?

Quiero hospedarme en este hotel.

¿Cuánto tiempo va a hospedarse en este hotel?

Dos noches.

¿Ya tiene la reservación?

Sí, tengo reservada la habitación a través de la

Agencia de viajes.

¿Su nombre, por favor?

Mi nombre es Gui–do, Park.

¿Cómo quiere usted la habitación?

Me gusta una habitación sencilla con baño.

Por favor, escriba en esta tarjeta sus datos.

Sr. Park, aquí tiene usted la llave de su habita-

ción.

¿En qué piso está la habitación?

Está en el quinto piso, señor.

¿Cuánto cuesta la habitación?

5. 000 pesetas por noche.

No es caro. Me gusta mucho este hotel.

Ahora el mozo se encarga de su equipaje.

Sí, por favor.

본문번역 ●————————————————————

제15과 호텔에서
안녕하세요, 선생님.
저희 세르반테스 호텔에 오신 것을 환영합니다.
안녕하세요.
어떻게 도와 드릴까요?
이 호텔에서 묵을까 하는데요.
어느 정도 저희 호텔에서 묵으시려 하는데요?
이틀 밤이요.
예약하셨나요?
예, 여행사를 통해서 방을 예약했는데요.
이름이 어떻게 되시죠?
박기도라고 합니다.
어떤 방을 원하십니까?
화장실이 달린 싱글·룸을 원합니다.
여기 숙박부에 인적관계를 써 주십시오.
박선생님, 여기 열쇠가 있습니다. (방 열쇠를 받으세요)
몇 층에 있습니까?
5층에 있습니다.
얼마죠?
하루 저녁에 오천 페세타입니다.

비싸지 않군요. 이 호텔이 마음에 듭니다.
급사가 짐을 가져다 드릴 겁니다.
예, 그렇게 해 주세요 .

새로운 단어 ●

hotel ㉭호텔

bienvenido ㉫환영하는

servir ㉣섬기다, 봉사하다

hospedarse ㉐투숙하다, 숙
　　　　박하다, 묵다

reservación ㉦예약

habitación ㉦방

través ㉭기울기
　　a~de : ~을 통하여

viaje ㉭여행

agencia ㉦사무소, 대리점,
　영업소 ~de viajes : 여행사

nombre ㉭이름

sencillo, (-lla) ㉫단순한, 간
　　소한, 단수의 habitación

~, 싱글·룸

baño ㉭화장실, 목욕탕

tarjeta ㉦카드, 숙박부

dato ㉭자료
　　~s personales : 인적사항

llave ㉦열쇠

piso ㉭층, 집

quinto, (-ta) ㉫(서수) 제5의,
　　　　5번째

peseta ㉦스페인 화폐단위, 페
　　세타

caro, (-ra) ㉫비싼(↔ barato,
　　　　(-ta) 싼)

mozo, (-za) ㉭젊은이, 하인,
　　　　급사, 보이

encargar ㉧ 맡기다, 부탁하다   **equipaje** ㉠ 짐, 여장, 행장

~se : 책임지다

본문연구 ●

1. Bienvenido al hotel Cervantes.

여기시 bienvenido는 '잘 오셨습니다', '환영합니다'의 뜻이다. 호
텔에서나 그밖에 파티 및 리셉션에서 참석한 손님에게 '환영합니다',
'참석해 주셔서 감사합니다'로 사용된다.

2. ¿En qué puedo servirle?

'어떻게 도와드릴까요?' '무엇을 도와드릴까요?'라는 뜻으로 매우 정중한 표현이다. '무엇을 원하십니까'의 의미도 내포하고 있으므로 ¿Qué desea?와도 같다 하겠다.

3. hospedarse

'숙박하다', '투숙하다'라는 뜻으로 'quedarse'를 사용할 수도 있다. quedarse는 '머무르다'의 의미다.

4. Me gusta una habitación sencilla con baño. 나는 화장실이 달린 싱글·룸을 원합니다.

여기서 형식상의 목적어인 habitación이 주어가 된다. 그러므로 주어가 복수가 될 경우 동사는 3인칭 복수를 사용해야 된다.

• Me gustan estos libros. 나는 이 책들을 좋아합니다.

5. ¿Cuánto cuesta la habitación?

'방이 얼마죠?'라고도 물으나, 보통 ¿Cuánto es por una noche? '하룻밤에 얼마죠?'로 묻기도 한다. 이때 동사는 costar, valer, ser 중 어느 것을 써도 무방하다.

• ¿Cuánto cuesta **por una noche?** = (¿Cuánto vale por una noche?)

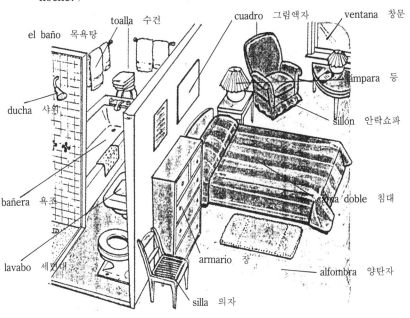

toalla 수건
el baño 목욕탕
cuadro 그림액자
ventana 창문
ducha 샤워
lámpara 등
sillón 안락쇼파
bañera 욕조
cama doble 침대
lavabo 세면대
armario 장
alfombra 양탄자
silla 의자

문법해설 ●

1. 수량과 장소의 의문사

(1) **Cuánto**

　영어의 how many 또는 how much에 해당하는 말로서 스페인어
에서는 수나 양을 표현할 때 공히 사용할 수 있다. 수를 셀 수 있는
명사와 함께 쓰일 때 그 명사의 성·수에 일치시킨다.

- ¿**Cuánto** dinero tienes? 돈은 얼마나 가지고 있니?

- ¿**Cuántos** hermanos tienes? 형제가 몇이니?

- ¿**Cuántos** años tiene Ud.? 당신은 몇 살입니까?

- ¿**Cuánto** vale este libro? 이 책은 얼마입니까?

(2) **dónde**

장소의 의문부사, 전치사 a와 함께 a dónde로 쓰일 수 있다.

- ¿**Dónde** estamos? 우리는 어디에 있습니까?

- ¿**A dónde** van? 당신들은 어디로 갑니까?

- ¿**Dónde** está su casa? 당신의 집은 어디에 있습니까?

2. Gustar 동사의 용법

Gustar동사는 '~을 좋아한다'라는 뜻을 가진 동사로 일반적인 동사들과는 다른 용법을 갖는다. 즉 목적어가 의미상의 주어 역활을 하며 형식상의 주어는 목적격으로 해석된다. 이때 의미상의 주어는 반드시 간접목적대명사(me, te, le, nos, os, les)가 사용되며 사실상 주어 역활을 한다. 따라서 이런 문장은 '~가 ~을 좋아한다'로 번역

함이 자연스럽다. 또한 동사는 당연히 형식상의 주어에 일치한다. 즉 주어가 단수이면 단수로, 복수이면 3인칭 복수로 쓴다. 간접목적대명사는 중복형을 동반할 수 있다. 이때 중복형은 문장 앞에 온다.

A mí A ti A él, A ella, A Ud	me te **gusta** le	el cine.
나는 영화를 좋아한다. 너는 영화를 좋아한다. 그(그녀, 당신)는 영화를 좋아한다.		
A nosotros A vosotros A ellos, A ellas, A Uds	nos os **gustan** les	las flores.
우리들은 꽃들을 좋아한다. 너희들은 꽃들을 좋아한다. 그들(그녀들, 당신들)은 꽃들을 좋아한다.		

¿Qué	te gusta? prefieres? quieres?

⇨

Me gusta Prefiero	la manzana
Quiero	manzana

너는 무엇을 좋아하니?　　→　　나는 사과를 좋아합니다.

gustar동사처럼 쓰이는 동사로는 doler(아프다), faltar(필요하다), parecer(~인 듯 보이다) 등이 있다.

• Me **duele** la cabeza.　나는 머리가 아프다.

• Me **falta** sueño.　나는 잠이 필요하다(부족하다).

• Me **parece** mal.　나에게 나쁘게 보인다.

3. 동사＋원형

다음 동사들은 전치사 없이 원형동사를 목적어로 취한다.

① querer＋원형　~하고 싶다

• Quiero ir a España en estas vacaciones.　이번 방학에 스페인
에 가고 싶다.

② desear＋원형　~하고 싶다

• Ella desea tomar café. 그녀는 커피를 마시고 싶어한다.

③ preferir＋원형 A en vez de B B보다 A를 원한다

• Preferimos tomar café en vez de té. 저희는 차보다 커피를 마시고 싶습니다.

④ poder＋원형 ～할 수 있다

• Puedes salir de casa después de terminar la tarea. 숙제를 끝마친 뒤에 집에서 나갈 수 있다.

⑤ saber＋원형 ～할 줄 안다

• Ellos saben leer el libro. 그들은 책을 읽을 줄 안다.

⑥ necesitar＋원형 ～할 필요가 있다

• Tú necesitas estudiar más. 넌 더 공부할 필요가 있다.

⑦ deber＋원형 ～해야 한다

• Tú debes sentarte aquí. 너 여기 앉아야 한다.

4. 서 수

1°	primero(-ra) 첫번째	6°	sexto(-ta) 여섯번째	
2°	segundo(-da) 두번째	7°	séptimo(-ma) 일곱번째	
3°	tercero(-ra) 세번째	8°	octavo(-va) 여덟번째	
4°	cuarto(-ta) 네번째	9°	noveno(-na) 아홉번째	
5°	quinto(-ta) 다섯번째	10°	décimo(-ma) 열번째	

　서수는 형용사로 사용되며 기수와는 달리 수식하는 명사의 성·수에 일치한다.

• el primer día　첫 날

• la primera clase　첫 교시

• el tercer hombre　세번째 사람

• el quinto piso　5층

※ primero와 tercero는 남성단수명사 앞에서 어미 -o가 탈락한다.

1. **¿Qué desea usted, señor?** 선생님, 무엇을 원하세요?

Deseo alquilar un apartamento. 아파트를 빌리고 싶습니다.

2. **¿Dónde lo prefiere usted?** 어디에 있는 것을 당신은 원하십니까?

Cerca de la estación de metro, si es posible. 가능하다면 전철역 가까이였으면 합니다.

3. **¿Cuánto vale al mes?** 한 달에 얼마입니까?

Unas 50.000 pesetas. Es un apartamento muy cómodo y agradable. 오만 페세타입니다. 아주 안락하고 쾌적한 아파트입니다.

4. **¿Le gusta con cama doble?** 당신은 더블베드를 좋아하십니까?

Sí, me gusta con cama doble. 예, 좋습니다.

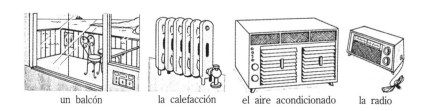

un balcón   la calefacción   el aire acondicionado   la radio

un cuarto de baño privado   el servicio de cuartos   el televisor

❖ 필수회화 ❖

1. 룸·서비스에게 부탁할 때

- **Aló, ¿servicio de habitación?**   여보세요, 룸·서비스입니까?

- **Sí, a la orden.**   예, 말씀하십시요.

- **¿Puede traerme un whisky con hielo?**   위스키 한병과 얼음을 갖다 주실 수 있습니까?

- **Sí, se lo llevo en seguida.** 예, 곧 가져가겠습니다.

- **¿Se puede entrar?** 들어가도 좋습니까?

- **Adelante, por favor.** 들어오세요.

2. 세탁물을 부탁할 때

- **Tengo ropa para lavar.** 나는 세탁할 옷이 있습니다.

- **¿Qué tiene?** 무슨 옷이지요?

- **Unas camisas y dos calcetines.** 셔츠 몇 장과 양말 두 켤레입니다.

- **¿Su número de habitación, por favor?** 선생님 방 번호가 어떻게 되지요?

- **Número cinco, dos, siete.** 527호입니다.

- **Ahora mismo voy para cogerla.** 지금 곧 가지러 가겠습니다.

- **De acuerdo.** 좋습니다.

3. 우편물을 보낼 때

- **Quiero enviar cartas a Seúl.** 나는 서울에 편지를 부치고 싶습니다.

- **¿Necesita sellos?** 우표가 필요하십니까?

- **Sí, ¿cuánto cuesta para enviar dos cartas a Seúl?** 예, 서울까지 두 통의 편지가 얼마입니까?

- **100 pesetas cada una.** 하나에 100페세타입니다.

❖ 연습문제 ❖

A. 다음 질문에 답하시오.

1. ¿Le gusta a Ud. viajar?
2. ¿Qué le gusta a Ud.?
3. ¿Cuándo quiere viajar Ud.?
4. ¿En qué piso deseas hospedarte?

B. 다음 문장을 스페인어로 옮기시오.

1. 나는 3일간 이 호텔에서 묵고 싶습니다.
2. 하룻밤에 얼마입니까?

3. 육천 페세타입니다.

4. 나는 꽃과 음악을 좋아합니다.

5. 당신은 이 책을 좋아하십니까?

6. 나는 개보다 고양이를 한 마리 사고 싶습니다.

해 답

A. 1. No, no me gusta viajar.

2. A mí me gusta estudiar.

3. Quiero viajar en diciembre.

4. Deseo hospedarme en el décimo piso.

B. 1. Deseo hospedarme en este hotel durante tres días.

2. ¿Cuánto es por una noche?

3. 6.000 pesetas.

4. Me gustan las flores y la música.

5. ¿Le gusta a Ud. este libro?

6. Prefiero comprar un gato en vez de un perro.

LECCION — 16 — Me levanto a las seis de la mañana.

Hoy me levanto a las seis de la mañana. Mis padres se levantan siempre más temprano que yo. Pero mis hermanos se levantan más tarde que yo.

Al levantarme voy primero al cuarto de baño. Me lavo la cara y las manos, y me limpio los dientes. Después me visto, y tomo el desayuno en el comedor.

Tomo el autobús, y llego a la escuela a tiempo. Estudio mucho español en la clase. Juego al fútbol con mis amigos.

Regreso a casa a las 4 de la tarde. Tomo la cena a las ocho, y después veo la televisión o escucho la radio. A las once, antes de acostarme, me ducho siempre.

본문번역 ●————————————————————————

제16과 나는 아침 6시에 일어납니다.
　오늘 나는 아침 6시에 일어납니다. 나의 부모님들은 늘 나보다 먼저 일어나십니다. 그러나 나의 형제들은 나보다 늦게 일어납니다. 나는 일어나면 먼저 화장실(욕실)에 갑니다. 얼굴과 손을 씻고 이를 닦습니다. 그리고 나서 옷을 입은 뒤 식당에서 식사를 합니다.
　버스를 타고 정시에 학교에 도착합니다. 수업 시간에 스페인어를 열심히 공부합니다. 친구들과 축구도 합니다. 오후 4시에 집에 돌아오고, 8시에 저녁을 먹은 뒤 TV를 보거나 라디오를 듣습니다. 11시에 잠자리에 들기전에 늘 샤워를 합니다.

새로운 단어 ●

levantar 타동 일으키다, 들어올
리다, ~se 재귀 일어나다

siempre 부 늘, 항상

temprano, (-na) 형 이른, 조
숙한 부 일찍, 빠르게

tarde 부 늦게

cuarto 남 방

baño 남 화장실, 욕실

lavar 타동 씻기다, 빨다, ~se
재귀 씻다

limpiar 타동 청소하다, ~se los
díentes 이를 닦다

vestir 타동 입히다, ~se 재귀 입
다, 옷 따위를 입다

tomar 타동 ① 먹다, 마시다
~el desayuno 조반을
들다 ~la cena 저녁을
들다 ② 잡다, 버스 따위
를 잡다, 타다

autobús 남 버스

llegar 자동 도착하다

escuela 여 학교

estudiar 타동 공부하다

clase 여 수업

jugar 자동 놀다,
~al＋운동종목 ~운동 경
기를 하다

amigo 남 벗, 친구

regresar 자동 돌아오다, 귀가하다

fútbol 남 축구

escuchar 타동 듣다

antes 부 ~전에

acostar 타동 눕히다, ~se
재귀 눕다, 잠자리에 들다

ducharse 재귀 샤워를 하다

1. Mis padres se levantan siempre más temprano que yo.

부사의 비교급도 형용사의 비교급과 비슷하다. '~보다 더 ~하다'
는 표현으로 más ~ que을 사용한다.

2. Llego a la escuela a tiempo 나는 정시에 학교에 도착합니다.

a tiempo '시간에 맞게''때 맞추어''정시에'라는 뜻이다.

3. Juego al fúbol con mis amigos 나는 친구들과 축구를 합니다.

jugar 동사는 어간 모음 u가 ue로 변하는 불규칙 동사이며 '~운동
경기를 하다'라고 할 때는 전치사 a를 동반한다.

• Juego al tenis. 나는 테니스를 칩니다.

• Jugamos al béisbol todos los domingos. 우리는 매주 일요일마다
야구를 합니다.

4. Antes de acostarme 잠자리에 들기 전에

acostarse동사는 어간 모음 o가 ue로 변하는 불규칙동사이다.

문법해설 ●————————————————————

1. 재귀동사

재귀대명사 **se**는 동사와 함께 쓰여 행위의 결과가 주어에게 다시 돌아가도록 한다. 재귀대명사 **se**를 동반하는 동사를 재귀동사라 한다. 스페인어에는 타동사만 있고 이것에 대응하는 자동사가 없는 것이 많다. 따라서 '타동사+se＝자동사' 형태로 재귀동사가 발달했다.

• Juan y María se casan. 후안과 마리아는 결혼한다.

• Juan se casa con María. 후안은 마리아와 결혼한다.

• El padre Martínez casa a los dos. 마르티네스 신부가 두 사람을
  결혼시킨다.

형 태

인칭＼수	단수	복수
1	**me**	**nos**
2	**te**	**os**
3	**se**	**se**

2. 재귀동사의 변화

인칭 \ 원형동사	levantarse	lavarse	acostarse
yo	me levanto	me lavo	me acuesto
tú	te levantas	te lavas	te acuestas
él, ella, Ud.	se levanta	se lava	se acuesta
nosotros	nos levantamos	nos lavamos	nos acostamos
vosotros	os levantáis	os laváis	os acostáis
ellos	se levantan	se lavan	se acuestan

문 장 연 습

1. **¿Cómo te llamas?** 네 이름은 뭐니?

   Me llamo Marta. 나는 마르따야.

2. **¿Cómo se llama usted?** 당신의 이름은 무엇입니까?

   Me llamo Carlos López. 나는 까를로스 로뻬스입니다.

3. **¿Cómo se llama tu padre?** 네 아버지 성함은 무엇이니?

Se llama Pedro Gómez. 뻬드로 고메쓰라고 해.

4. **¿A qué hora te levantas?** 넌 몇 시에 일어나니?

   Me levanto a las siete de la mañana. 나는 아침 7시에 일어나.

5. **Y, ¿a qué hora te acuestas?** 그럼 너는 몇 시에 잠자리에 들지?

   Me acuesto a las once de la noche. 나는 밤 11시에 잠자리에 들어.

6. **¿A qué hora toma el desayuno?** 당신은 몇 시에 아침을 듭니까?

   Desayuno generalmente a las 8. 보통 8시에 듭니다.

❖ 필수회화 ❖

1. 기차표를 구입할 때

• **Quiero comprar dos billetes a Barcelona.** 나는 바르셀

로나까지 표 두장을 사고 싶습니다.

• **¿Ida solamente o ida y vuelta?** 편도만인지 왕복인지요?

• **Ida y vuelta, por favor.** 왕복을 부탁합니다.

• **¿De primera o segunda?** 1등칸입니까 2등칸입니까?

• **¿Qué tren toma usted?** 무슨 기차를 타실 건지요?

• **Dos billetes de segunda del Talgo, por favor.**

Talgo(스페인의 특급열차)로 2등칸 2장을 부탁합니다.

2. 플랫폼에서 대화

• **¿En qué andén sale?** 기차는 어느 플랫폼에서 떠납니까?

• **En el andén No.5, por allá.** 저기 5번 플랫폼입니다.

• **¿Tengo que cambiar de tren?** 나는 기차를 옮겨타야만 합

니까?

• **No, no lo necesita.** 아니요, 당신은 그럴 필요가 없습니다.

• **¿Cuánto tiempo se tarda en llegar a la estación de Barcelona?**

바르셀로나역까지 도착하는데 얼마나 걸립니까?

• **Se tarda 7 horas.** 7시간 걸립니다.

• **¿Hay vagón-restaurante en este tren?** 이 기차에 식당칸이 있습니까?

• **Sí, hay.** 예, 있습니다.

❖ 연습문제 ❖

A. 다음 질문에 답하시오.

1. **¿A qué hora te vistes?**

2. **¿Cuándo se casan ellos?**

3. **¿A qué hora se levanta su bebé?**

4. **¿Cómo te llamas?**

B. 다음 문장을 스페인어로 옮기시오.

   1. 나는 아침 5시에 일어납니다.

   2. 얼굴과 손을 씻고 이를 닦습니다.

   3. 빨리 옷을 입고 식당으로 갑니다.

   4. 나는 소니아라고 해요. 미겔 그라우씨의 딸이죠.

해　답

A. 1. Yo me visto a las 8 de la mañana.

   2. Ellos se casan mañana.

   3. Mi bebé se levanta a las 8 de la mañana.

   4. Me llamo Juan Grau.

B. 1. Yo me levanto a las 5 de la mañana.

   2. Me lavo la cara y las manos, y me limpio los dientes.

   3. Yo me visto rápido, y voy al comedor.

   4. Me llamo Sonia, hija del señor Miguel Grau.

¿Cuánto cuesta esta corbata?

Buenas tardes, señor, ¿en qué puedo servirle?

¿Quiere Ud. alguna camisa?

Estoy mirando nada más. Gracias.

¿Dónde puedo comprar la corbata?

Se vende en la sección de caballero, en el se-

gundo piso.

¿Cuánto cuesta esta corbata?

1.000 pesetas.

¿Puedo probármela aquí?

Sí, cómo no.

No me sienta muy bien. ¿No hay otra corbata?

Un momento. ¿De qué color le gusta más?

Me gusta más esta corbata roja.

Son 1.500 pesetas. ¿Se la lleva?

Sí, me quedo con esta corbata.

Haga el favor de envolvérmela.

Sí, claro.

¿Acepta aquí cheque de viaje?

Sí, cómo no. Abone la cuenta en la caja, por

allí.

¿Puede decirme el cambio de hoy?

110 pesetas por un dólar.

¿Se puede cambiar el cheque de viaje en moneda

española?

Lo siento, no podemos cambiarlo. Ud. puede

cambiarlo en el banco o en la caja del hotel.

본문번역

제17과 이 넥타이 얼마죠?
안녕하세요(어서오세요), 뭘 도와드릴까요?
와이셔츠를 원하십니까?
구경만 하겠어요. 감사합니다.
넥타이는 어디서 살 수 있나요?
신사코너에서 판매하는데요.
2층에 있습니다.
이 넥타이 얼마죠?
천 페세타입니다.
여기서 입어보아도(매봐도) 될까요?
물론입니다.
어울리지 않는군요. 다른 넥타이는 없을까요?
잠시만요, 어떤 색깔이 더 좋으세요?
빨간 넥타이가 더 좋군요.
천오백 페세타인데 사 가시겠어요?

예, 그 넥타이를 사겠어요.

포장해 주세요.

그럼요.

여행자 수표 받나요?

물론이죠. 저쪽에 있는 카운터에서 계산하세요.

오늘 환율이 얼마죠?

달러당 백십 페세타입니다.

여행자 수표를 스페인 화폐로 바꿔주실 수 있나요?

죄송합니다. 저희들은 바꿔드릴 수가 없는데요. 은행이나 호텔 카운터에서 바꾸실 수 있습니다.

새로운 단어 ●

costar ⑧ 값이 나가다

corbata ⑨ 넥타이

camisa ⑨ 와이셔츠

sección ⑨ 분야, 코너

caballero ⑤ 신사

probar ⑤⑧ 시험하다, 입어보다

sentarse ⑳⑰ 앉다, 어울리다

color ⑤ 색상, 색깔

rojo(-ja) ⑱ 붉은, 빨간색의

llevar ⑤⑧ 가져가다, 사가다

cheque ⑤ 수표 ～de viaje

  (viajero) 여행자 수표

viajero(-ra) ⑤ 여행자

abonar ⑤⑧ 지불하다

  (＝pagar)

quedar ㉣⑧ 남다, 머물다,

  사가다

envolver ⑤⑧ 싸다, 포장하다

aceptar ⑤⑧ 수용하다, 용납하

  다, 받다

cuenta ㉔ 계산   moneda ㉔ 동전, 화폐

caja ㉔ 카운터, 출납계,   cambiar ㉰ 바꾸다

　　~fuerte 금고   banco ㉯ 은행

cambio ㉯ 환율

본문연구 ●

1. ¿En qué puedo servirle? 뭘 도와 드릴까요?

'~에게 ~을 봉사하다' '도와주다'라는 표현에 'servir＋a＋목적
어＋en' 구문을 쓴다.

• Quiero **servirle a Ud. en** este trabajo.　이 일에서 당신에게 봉
사하고 싶습니다.

2. ¿Puedo probármela aquí?　여기서 입어봐도 될까요?

여기서 la는 corbata를 받아주는 직접목적대명사이다. probarse는
'시험하다'라는 뜻을 갖고 있는데 여기서는 넥타이·옷 따위를 '입
어보다'라는 뜻이다.

3. No me sienta bien.　잘 어울리지 않는군요.

여기서 '앉다'라는 동사 sentarse는 '어울리다'라는 의미를 갖게 된다. 그 밖에도 'quedarse'를 사용할 수 있다. 'no me queda bien.' 단 quedarse는 이 의미 밖에도 전치사 ~con과 함께 사용하여 그 물건을 사가겠다고 할 때 쓰인다.

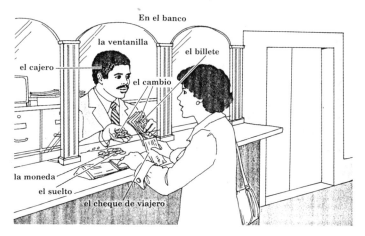

En el banco
la ventanilla
el billete
el cajero
el cambio
la moneda
el suelto
el cheque de viajero

문법해설 ●

1. 의문대명사·형용사

(1) **cuánto(-ta)/(-tos)/(-tas)**

사람·사물에 다 쓰일 수 있으며, 수나 양을 둘 다 표현한다. 뒤에 나오는 명사의 성·수에 따른다.

• **¿Cuánto** es? 얼마입니까?

• **¿Cuántas** corbatas tienes?　너는 넥타이를 몇 개나 가지고 있니?

• **¿Cuántos** hijos tiene Ud.?　당신은 자제분이 몇이세요?

(2) **cuál/cuáles**

사람·사물에 다 쓰일 수 있으며 선택적인 의미를 갖는다. 성 변화 없이 수의 변화만 한다. 영어의 which와 비슷하다.

• ¿Qué lección estudia Ud.?　당신은 몇 과를 공부하십니까?

• ¿Cuál es interesante?　어떤 것이 흥미있습니까?

• ¿Cuál es el tuyo?　어느 것이 너의 것이냐?

2. Ir와의 관용어

① ir+de vacaciones　휴가를 가다

Quiero ir de vacaciones a Toledo.　나는 똘레도로 휴가를 가고 싶습니다.

② ir+de compras　쇼핑을 가다

Voy de compras con mi madre.　나는 엄마랑 쇼핑을 간다.

③ ir＋de excursión 소풍을 가다

Vamos de excursión a la montaña. 우리들은 산으로 소풍을
갑니다.

문 장 연 습

1. **¿En qué puedo servirle a Ud.?** 무엇을 도와드릴까요 ?

   Necesito una falda corta. 짧은 치마가 하나 필요한데요.

2. **¿Qué le parece ésta?** 이거 어떨까요 ?

   No me gusta el modelo. 모델이 마음이 들지 않군요.

   Me gusta aquella falda. 저 치마가 마음에 드네요.

   ¿Cuánto vale aquélla? 저것은 얼마죠 ?

3. **Dos mil pesetas.** 2,000 페세타입니다.

   ¡Qué caro! 꽤 비싸군요 !

4. **¿De qué color quiere usted la corbata?** 넥타이를 무슨 색

깔로 원하십니까?

La quiero blanca. 흰색이요.

5. **¿Me queda muy bien esta corbata?** 이 넥타이가 나에게 잘

어울립니까?

Sí, le sienta muy bien. 예, 당신에게 잘 어울립니다.

❖ 필수회화 ❖

1. 돈을 바꿀 때

• **¿Cuánto es el cambio?** 환율이 어떻습니까?

• **Dígame el cambio de hoy.** 오늘 환율을 말해 주세요.

• **Un dólar cuesta 110 pesetas.** 1달러가 110 페세타입니다.

• **Quiero cambiar un cheque de viaje de 100**
  dólares. 100달러짜리 여행자수표를 바꾸고 싶습니다.

• **De acuerdo. Aquí tiene usted 11.000 pesetas.** 좋습니
  다. 여기 11,000 페세타 있습니다.

- **¿Usted no cobra comisión?** 당신은 커미션을 받지 않나요?

- **No, no cobro.** 아니요, 안 받습니다.

- **Perdón, necesito suelto.** 죄송합니다, 잔돈이 필요한데요.

- **¿Puede cambiarme este billete de 1.000 pesetas?** 1,000 페세타 종이 돈을 바꾸어 줄 수 있습니까?

- **Sí, ¡cómo no! Aquí tiene 10 monedas de 100 pesetas.** 예, 물론이지요, 여기 10개의 100 페세타 동전이 있습니다.

- **Gracias.** 감사합니다.

2. 물건을 구입할 때

- **¿Dónde puedo comprar camisas?** 와이셔츠를 어디서 살 수 있습니까?

- **Se venden en el 2° piso.** 2층에서 팝니다.

- **¿Cuánto cuesta esta camisa?** 이 와이셔츠는 얼마입니까?

• **1.000 pesetas.** 1,000 페세타입니다.

• **¿Puedo probármela aquí?** 여기서 입어볼 수 있습니까?

• **Sí, ¡cómo no!** 예, 물론이지요.

• **¿Puede descontarme un poco?** 약간 할인해 주실 수 있습니까?

• **No, ese precio es muy razonable.** 아니요, 그 값은 매우 적정합니다.

• **Pero, me parece un poco caro.** 그러나 내가 보기에 좀 비쌉니다.

❖ 연습문제 ❖

A. 다음 질문에 답하시오.

1. ¿Cuándo quieres ir de compras?
2. ¿De qué color quieres la falda?
3. ¿Qué quieres comprar en la sección de damas?
4. ¿En qué piso está la sección de caballero?

B. 다음 문장을 스페인어로 옮기시오.

1. 너는 무슨 색 바지를 원하니?

2. 나는 흰색 바지를 원해.

3. 당신의 넥타이는 무슨 색인가요?

4. 푸른색입니다.

해 답

A. 1. Este sábado quiero ir de compras con Marta.

2. La quiero blanca.

3. Quiero comprar una blusa.

4. Está en el tercer piso.

B. 1. ¿De qué color quieres los pantalones?

2. Los quiero blancos.

3. ¿De qué color es su corbata?

4. Es azul.

Eres tú

Como una promesa eres tú, eres tú
Como una mañana de verano
Como una sonrisa eres tú, eres tú
así, así eres tú.

Toda mi esperanza eres tú, eres tú
Como lluvia fresca en mis manos
Como fuerte brisa eres tú, eres tú
así, así eres tú.

Eres tú como el agua de mi fuente.
Eres tú el fuego de mi hogar.

Como un poema eres tú, eres tú
Como una guitarra en la noche,
Todo mi horizonte eres tú, eres tú
así, así eres tú.
Eres tú como el agua de mi fuente,
Eres tú el fuego de mi hogar.

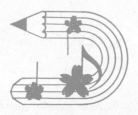

당 신

하나의 소망과도 같은 당신
여름날 아침 같은 당신
하나의 미소 같은 당신
그것이, 그런 것이 바로 당신이야.

당신은 나의 모든 희망이지
내 두 손에 고인 신선한 빗물 같은 당신
강한 미풍과도 같은 당신
그것이, 그런 것이 바로 당신이야.

나의 샘물과도 같은 당신
당신은 내 가정의 불꽃이야.

한 편의 시 같은 당신
밤에 들리는 기타 같은 당신
당신은 나의 모든 지평선이야
그것이, 그런 것이 바로 당신이야.
나의 샘물과도 같은 당신,
당신은 내 가정의 불꽃이야.

Esta camisa es más cara que aquélla.

¿Qué desea Ud.?

Quiero comprar una camisa.

¿Quiere Ud. probársela ahora mismo?

Me gusta el modelo que está en el escaparate.

¿Quiere Ud. probársela ahora mismo?

Esta camisa es pequeña para mí.

¿No tiene otra más grande?

Un momento. La traigo en seguida.

¿Cuánto cuesta esta camisa?

2.000 pesetas. Ésta es más cara que aquélla.

No me gusta tampoco.

Le muestro otra camisa de mejor calidad.

Es la más cara de la tienda.

¿Cuánto vale esta camisa?

Vale 5.000 pesetas. Es de seda.

Me gusta mucho, pero es demasiado cara.

Lo siento. Vuelvo a visitarle otro día.

No importa, señor. Hasta luego.

본문번역 ●

제18과 이 와이셔츠가 저것 보다 더 비쌉니다.
무엇을 원하십니까?
와이셔츠를 하나 샀으면 하는데요.
어떤 것을 원하세요?
진열장에 있는 모델이 마음에 드는데요.
지금 당장 입어보고 싶으세요?

이 와이셔츠는 제게 적은데요.

다른 와이셔츠로 더 큰 것은 없나요?

잠시만요, 금방 가져다 드릴게요.

이 와이셔츠는 얼마인가요?

이천 페세타입니다. 이 와이셔츠가 저 와이셔츠보다 더 비싸죠.

역시 마음에 들지 않는군요.

더 좋은 질의 와이셔츠를 보여 드리죠.

상점에서 가장 비싼 와이셔츠입니다.

이 와이셔츠는 얼마죠?

오천 페세타입니다. 실크 제품입니다.

마음에 몹시 들긴 한데 너무 비싸군요.

죄송합니다. 다른 날 또 오겠어요.

아니요, 괜찮습니다. 안녕히 가세요.

새로운 단어 ●

modelo ㊚ 모델

escaparate ㊚ 진열대, 진열장

mismo(-ma) ㊟ 같은, 동일한

　　ahora~ : 지금 당장

pequeño(-ña) ㊟ 작은, 조그
　　　　마한

traer ㊭ 가져오다

otro(-ra) ㊟ 다른

caro(-ra) ㊟ 비싼

mejor ㊟ 보다 좋은

calidad ㊛ 질, 품질

tienda ㊛ 상점, 점포, 가게

valer ㊌ 가치가 나가다, 값이
　　　　나가다

tampoco ㊍ 역시 ~ 아니다

mostrar ㊭ 보여주다, 제시하다

seda ㉡ 실크, 비단

demasiado(-da) ㉡ 지나친,

　　과분한, ㉮ 지나치게

visitar ㉣ 방문하다

importar ㉢ 중요하다

본문연구 ●

1. ¿Cómo la quiere Ud.? 어떤 것을 원하세요?

　　여기서는 ¿Cómo quiere Ud. la camisa?를 대명사로 받은 것 뿐이
다.

2. Le traigo en seguida. 곧 가져다 드리겠습니다.

　• traigo의 원형동사 traer는 대상이 물건인 경우에는 '가져오다', 사
　람인 경우는 '데려오다'로 사용된다.

　• en seguida의 동의어는 inmediatamente, pronto 등으로 들 수 있
　다.

3. ¿Cuánto vale esta camisa? 이 와이셔츠 얼마예요?

여기서 vale는 cuesta와 같은 의미이다.

4. Es de seda. 실크 제품입니다.

Esta camisa es de seda라는 말이다. Ser de ~는 원료를 나타낼 때 사용된다. 즉 '이 와이셔츠는 실크 제품입니다.'라는 의미가 된다.

• Este reloj es de oro. 이 시계는 금제품입니다.

• Esta mesa es de madera. 이 책상은 목제품입니다.

그러나 '**ser de**+생산지'가 나올 때는 '어디어디 상품(생산품)입니다.'라는 뜻이 된다.

• Esta camisa es de EE.UU. 이 와이셔츠는 미제입니다.

• Este café es de Colombia. 이 커피는 콜롬비아산입니다.

※ EE.UU.는 Los Estados Unidos(미국)의 약자이다.

문법해설 ●——————————————————

1. 명사의 생략

이미 언급한 것을 다시 말할 때 명사를 생략하고 관사가 명사를 대신한다. 이때는 주로 형용사 또는 형용사구의 수식을 받는다.

- Las camisas blancas son caras y las amarillas son baratas. 흰색 와이셔츠들은 비싸고 노란색은 쌉니다.

- Los trajes del escaparate → Los del escaparate
  진열장의 옷들   진열장의 것들(=옷들)

2. 형용사의 비교

(1) 비교급

하나의 문장이 비교가 되어 있지 않을 때 원급이라 하며 여기서 세 가지 형태의 비교급이 만들어진다.

① 원급

- El libro es caro. 책은 비싸다.

• Este joven es inteligente. 이 젊은이는 똑똑하다.

② 우등비교급 : **más**＋형용사＋**que**

• El piano es **más** caro **que** la guitarra. 피아노는 기타보다 비싸다.

• María es **más** bonita **que** Carmen. 마리아는 까르멘보다 아름답다.

③ 열등비교급 : **menos**＋형용사＋**que**

• Esta camisa es **menos** cara **que** aquélla. 이 와이셔츠는 저것보다 비싸지 않다.

• María es **menos** inteligente **que** Juán. 마리아는 후안보다 영리하지 못하다.

(2) 최상급

① 우등최상급 : 정관사＋**más**＋형용사＋전치사(de, en, entre)

• Este poema es el **más** hermoso **de** todos. 이 시는 모든 시 중 가장 아름답다.

• Este poema es el **más** hermoso **de** España. 이 시는 스페

인의 시 중 가장 아름답다.

② 열등최상급 : 정관사＋**menos**＋형용사＋전치사(de, en, entre)

- Estos libros son los **menos** interesantes **de** la biblioteca. 이 책들은 도서실에서 가장 흥미없는 것들이다.

- Este hotel es el **menos** caro **de** la ciudad. 이 호텔은 도시에서 가장 싼 호텔이다.

※ **불규칙**

원 급	비교급	최상급
bueno(-na)	**mejor**	**el/la mejor**
malo(-la)	**peor**	**el/la peor**
pequeño(-ña)	**menor**	**el/la menor**
grande	**mayor**	**el/la mayor**

※ pequeño와 grande는 불규칙변화를 하며 '나이'를 비교할 때는 menor, mayor를 사용하며, 크기를 비교할 때는 más pequeño와 más grande를 사용한다.

(3) 형용사의 절대최상급

본문에는 언급되지 않았으나, 절대최상급은 자음으로 끝난 형용
사는 어미에 **-ísimo**를 붙이고 모음으로 끝난 경우에는 그 모음을
탈락시키고 **-ísimo**를 붙인다. 이 경우 의미는 '**muy**＋형용사'와 같
다.

- Este hotel es **baratísimo**.(＝muy barato) 이 호텔은 매우 싸
  다.

- Él tiene una casa **grandísima**.(＝muy grande) 그는 굉장히
  큰 집을 갖고 있다.

- Esta habitación es **pequeñísima**.(＝muy pequeña) 이 방은 매
  우 작다.

문 장 연 습

1. **¿Es barata esta corbata?** 이 넥타이는 쌉니까?

   Sí, es barata. 예, 쌉니다.

2. **¿Y ésa?** 그럼 그것은요?(그 넥타이는요?)

   Ésa es más barata que ésta. 이것보다 그것이 더 쌉니다.

3. **Y aquélla, ¿es barata también?** 그럼 저것은요? 역시 싼가
요?

Aquélla es la más cara de la tienda. 저것은 저희 가게에
서 가장 비싼 겁니다.

4. **¿Cuál es la camisa de mejor calidad de la tienda?** 어느
것이 상점에서 가장 좋은 셔츠인가요?

Ésta es la camisa de mejor calidad de la tienda. 이것
이 상점에서 가장 좋은 것입니다.

❖ 필수회화 ❖

1. 거리에서 길을 잃었을 때

• **Disculpe, yo soy extranjero.** 실례합니다. 저는 외국인입니다.

• **Estoy perdido.** 저는 길을 잃었습니다.

• **¿Sabe usted dónde está el Hotel Cervantes?** 세르반테

스 호텔이 어디에 있는지 아십니까?

- **No se preocupe, siga todo recto este camino hasta la primera esquina, luego gire a la derecha y allí está.** 염려마세요, 이 길을 첫 모퉁이까지 곧장 가서, 오른쪽으로 돌면 거기에 있습니다.

- **Mil gracias, señor.** 매우 고맙습니다, 선생님.

2. 길을 물을 때

- **Disculpe, quiero ir a la Plaza Mayor. ¿Se puede ir por aquí?** 실례합니다. 저는 중앙 광장에 가기를 원하는데, 이 쪽으로 가면 되나요?

- **No, por allá.** 아니요, 저쪽입니다.

- **Usted tiene que tomar el autobús.** 당신은 버스를 타야만 합니다.

- **Pero quiero ir a pie.** 그러나 저는 걸어서 가기를 원합니다.

• **Entonces tiene que andar media hora.** 그렇다면 30분

은 걸어야만 합니다.

• **Adiós, gracias.** 안녕, 고맙습니다.

❖ 연습문제 ❖

A. 다음 질문에 답하시오.

1. ¿Es Juan más simpático que José?

2. ¿Es esta escuela la más antigua de la ciudad?

3. ¿Es Manuel el mayor de los amigos?

4. ¿Son estas camisas las mejores de la tienda?

B. 다음 문장을 스페인어로 옮기시오.

1. 펠리페는 호세만큼 좋은 사람이다.

2. 이 차는 가장 싼 차입니다.

3. 그의 집은 나의 집보다 크다.

4. 나는 이 세상에서 가장 아름다운 여자다.

A. 1. Sí, Juan es más simpático que José.

2. No, ésta no es la más antigua.

3. Sí, Manuel es el mayor de los amigos.

4. Sí, son las mejores camisas de la tienda.

B. 1. Felipe es tan bueno como José.

2. Este auto es el más barato.

3. Su casa es más grande que la mía.

4. Soy la mujer más hermosa del mundo.

세빌야의 중심가에 있는 대성당과 정원

LECCION — 19 — / *Vete al baño y lávate la cara.*

Juan, estás muy sucio.

¡Vete al baño inmediatamente y lávate la cara

y las manos! Después ven al comedor. Voy

primero.

Carlos, espera un momento. Quiero ir contigo

al comedor.

Llama a la recepción para preguntar dónde está

el comedor en el hotel.

Sí, lo hago.

Aló, ¿recepción?

¿Dónde está el comedor en el hotel?

Está en el sótano.

(*Los dos entran en el comedor*)

Sentémonos aquí al lado de la ventana.

De acuerdo. Siéntate tú primero.

Gracias. Me gusta este comedor.

Oye, Juan, pide al camarero el menú.

Carlos, ten paciencia.

Allí viene el camarero.

Pero, tengo mucha hambre y sed.

Compórtate en el comedor.

본문번역 ●

제19과 목욕탕에 가서 얼굴을 씻어라.

후안, 너무 더럽다.

즉시 욕실에 가서 얼굴과 손을 씻어라. 그리고 식당으로 와. 나 먼저 갈게.

까를로스, 잠시만 기다려. 너와 같이 식당에 가고 싶어.

후론트에 전화해서 호텔 어디에 식당이 있는지 알아봐.

알았어, 할게.

여보세요? 후론트이죠?

호텔 어디에 식당이 있나요?

지하에 있습니다.

(둘은 식당에 들어간다.)

창문 옆에 앉자.

좋아, 너 먼저 앉아.

고마워. 이 식당이 마음에 드는데.

이봐, 후안, 웨이터에게 메뉴를 가져오라고 해.

좀 참아라, 까를로스.

저기 웨이터가 오잖아.

배고프고 목이 말라서 그래.

식당에서 예의를 지키도록 해.

새로운 단어 ●

ir ⓐⓑ 가다   ⓐⓒ 씻다

lavar ⓣⓑ 빨다, 씻기다 ~**se**   **baño** ⓝ 화장실, 욕실

276 제19과 목욕탕에 가서 얼굴을 씻어라

cara 여 얼굴

mano 여 손

sucio(-ia) 형 더러운

inmediatamente 부 즉시, 즉각, 곧

venir 자동 오다

comedor 남 식당

primero 부 먼저, 우선

　　　형 첫째의

esperar 타동 기다리다

recepción 여 후론트, 접수

después 부 ~후에

planta 여 층

sótano 남 지하, 지하실

sentar 타동 앉히다 ~**se**

　　　재귀 앉다

ventana 여 창, 창문

camarero(-ra) 남 웨이터

traer 타동 가져오다

menú 남 메뉴

paciencia 여 참을성, 인내심

hambre 여 배고픔, 허기

sed 여 목마름, 갈증

comportarse 재귀 행동하다, 처신하다

본문연구 ●

1. Vete al baño. 욕실에 가라.

　vete는 irse의 tú에 대한 명령형이다. ir(가다)는 자동사이나 관습적으로 '**se**'를 붙여쓴다. 이때 lávate 역시 lavarse 동사의 **tú**에 대한 명령형이다. 여기서 te는 재귀대명사이다.

2. Estás sucio. 지금 너 더럽다.

　sucio는 일시적인 상태이므로 'ser'를 사용하지 않고 'estar' 동사를 사용한다.

3. Ven al comedor. 식당으로 오렴.

　ven은 venir 동사의 tú에 대한 명령형이다. 명령문에서 주어는 주로 생략된다.

문법해설 ●

1. Tener 와의 관용어

　① tener + hambre　배가 고프다

　　Tengo mucha hambre.　나는 배가 고픕니다.

　② tener + sed　목이 타다, 갈증이 나다

　　Marta tiene mucha sed.　마르타는 몹시 갈증이 납니다.

　③ tener + razón　옳다

　　Yo tengo razón.　내 말이 옳다(맞다).

　④ tener + miedo　두렵다

　　Juan no tiene miedo.　후안은 겁이 없다.

　⑤ tener + sueño　졸립다

Siempre tenemos sueño.　우리는 항상 졸립다.

⑥ tener + calor, frío　덥다, 춥다

Tengo calor. (frío)　나는 덥다(춥다).

⑦ tener + dolor　아프다

Carmen tiene dolor de cabeza.　까르멘은 머리가 아프다.

⑧ tener + prisa　급하다

El señor Gómez tiene prisa.　고메스씨는 급하다.

2. 2인칭 명령

(1) 규칙 명령

① 명령법은 상대방에 대한 명령이나 요구, 부탁을 표현한다. 여기서는 우선 2인칭 단수·복수 명령만을 다루고 3인칭에 대한 명령은 접속법에서 다루겠다.

escuchar	escuch-**a**	(tú)	la radio.
	escuch-**ad**	(vosotros)	
leer	le-**e**	(tú)	el periódico.
	le-**ed**	(vosotros)	
abrir	abr-**e**	(tú)	la ventana.
	abr-**id**	(vosotros)	

② 목적 대명사의 위치를 유의해서 보면서 악센트의 위치를 주의
해야 한다.

Escúchala	Escuchadla	Dámelo
Léelo	Leedlo	Cómpraselo
Ábrela	Abridla	Regálasela

(2) 불규칙 명령

명령시 불규칙변화 형태를 갖는 동사들이 있다. 이때 2인칭 복수
는 규칙이다.

decir–di, decid.	**hacer–haz, haced.**
ser–sé, sed.	**tener–ten, tened.**
ir–ve, id.	**poner–pon, poned.**
salir–sal, salid.	**venir–ven, venid.**

(3) 부사 만드는 법

형용사＋mente

① **-o**로 끝난 형용사를 **-a**로 고치고 **-mente**를 또다시 붙이면 된다.

• claro : clara＋**mente** → **claramente** : 명백하게

• rápido : rápida＋**mente** → **rápidamente** : 빨리

② **-o**로 끝나지 않은 형용사는 그대로 **-mente**를 붙인다.

- general : general＋**mente** → **generalmente** : 보통

- fácil : fácil＋**mente** → **fácilmente** : 쉽게

문 장 연 습

1. **Ya está lista la comida.** 음식이 준비됐다.

   Vamos a comer. 우리 먹읍시다.

2. **Ven aquí, Carlos.** 까를로스, 이리로 와라.

   Sí, mamá, voy ahora mismo. 예, 엄마, 금방 가요.

3. **Oye, tú estás sucio.** 애야, 너 더럽구나.

   Vete al baño y lávate la cara. 욕실에 가서 얼굴을 씻거라.

4. **Sí, mamá. Vuelvo en seguida.** 알았어요, 엄마. 곧 돌아올께요.

5. ¿Vas a lavarte las manos? 너는 손을 씻을거니?

Sí, me lavo las manos ahora. 예, 지금 손을 씻어요.

❖ 필수회화 ❖

1. ~을 좋아하다의 표현(gustar동사를 사용해서)

• ¿Le gusta la canción coreana? 당신은 한국음악을 좋아합

니까?

• No, no me gusta. 아니요, 나는 좋아하지 않습니다.

• ¿Te gusta la comida coreana? 너는 한국음식을 좋아하니?

• Sí, me gusta la comida coreana. 예, 나는 한국음식을 좋

아합니다.

• Me gusta ir al cine. 나는 영화 보기를 좋아한다.

• Me gusta cantar. 나는 노래 부르기를 좋아한다.

• Me gustan las frutas. 나는 과일들을 좋아한다.

2. 2인칭의 일상적인 대화

- **Ponte el abrigo. Hace mucho frío.** 외투를 입어라. 날씨

  가 매우 춥다.

- **Quítate el abrigo. Hace calor.** 외투를 벗어라. 날씨가 덥다.

- **Ten cuidado.** 조심하여라.

- **Lávate las manos.** 손을 씻어라.

- **Dime la verdad.** 나에게 진실을 말해라.

- **Dame un cigarrillo.** 나에게 담배 하나 달라.

- **Ven aquí, Juan.** 후안, 이곳으로 와라.

3. 1인칭 복수의 명령법으로 유용한 표현

- **Vamos a comer.** 우리 밥을 먹읍시다.

- **Vamos a sentarnos.** 우리 앉읍시다.

- **Vamos a estudiar.** 우리 공부합시다.

・**Vamos a beber.** 우리 마십시다.

・**Vamos a comprar.** 우리 물건을 삽시다.

❖ 연습문제 ❖

A. 다음 형용사를 부사로 만드시오.

1. **difícil**   2. **dulce**   3. **duro**   4. **raro**

B. 다음 질문에 답하시오.

1. **¿Qué trae el camarero?**

2. **¿Dónde quieren sentarse Carlos y Juan?**

3. **¿Quién está sucio?**

4. **¿Estás tú sucio ahora?**

C. 다음 문장을 스페인어로 옮기시오.

1. 나에게 말하여라.

2. 빨리 이곳을 떠나거라.

3. 식탁에 수저를 놓아라.

4. 이곳으로 빨리 와라.

A. 1. difícilmente 2. dulcemente 3. duramente 4. raramente

B. 1. El camarero trae el menú.

   2. Ellos quieren sentarse al lado de la ventana.

   3. Juan está sucio.

   4. No, yo no estoy sucio, pero si estoy sucio voy al baño para lavarme la cara y las manos.

C. 1. Dime.

   2. Sal de aquí pronto.

   3. Pon la cuchara en la mesa.

   4. Ven aquí inmediatamente.

스페인 갈리시아 지방의 농촌

Examen ❶

1. 음절분해가 잘못된 것은?
    a) dic-cio-na-rio
    b) in-te-re-san-te
    c) tran-vía
    d) obs-tá-cu-lo

2. 다음 중 복수형이 틀린 것은?
    a) joven - jovenes
    b) órden - órdenes
    c) frac - fraques
    d) lunes - lunes

3. 악센트 표시가 잘못된 것은?
    a) Seúl
    b) árboles
    c) míercoles
    d) águila

4. 다음 중 관사가 잘못 표기된 낱말을 고르시오.
    a) El Estados Unidos
    b) La Argentina
    c) El Canadá
    d) El Japón

5. 다음 중 과거분사형이 잘못된 것을 고르시오.
    a) decir - dicho
    b) abrir - abierto
    c) podir - podido
    d) descubrir - decripto

6. 다음중 현재분사형이 틀린 것은?
    a) poder - pudiendo
    b) decir - diciendo
    c) morir - muriendo
    d) sentir - sentiendo

7. 다음 전치사의 용법이 잘못된 것을 고르시오.
    a) Viajamos por tren
    b) El pueblo está a diez kilómetros.
    c) Tardará dos horas en llegar.
    d) Hoy vengo a pie.

8. 다음에서 숫자를 잘못 읽은 것을 고르시오.

a) 21 - veintiuno

b) 3001 - tres mil uno

c) 95 - noventa y cinco

d) 505 - quinientos y cinco

9. 다음의 문장에서 목적대명사가 바르게 표현된 것은?

> Nosotros les enseñamos a ellos el español.

a) Nosotros se lo enseñamos.

b) Nosotros lo les enseñamos.

c) Nosotros les lo enseñamos.

d) Nosotros se les enseñamos.

10. 다음 줄친 부분에 알맞는 말은?

> A : ¿Qué vas _____ hacer _____ las vacaciones?
> B : Pienso hacer un viaje _____ España.

a) (x) - en - en   b) a - durante - por

c) (x) - por - en   d) a - durante - para

11. 다음 줄친 부분에 알맞는 말은?

> Cuando el profesor pregunta algo, Carlos levanta
> _____ para conrestarle _____ voz alta.

a) su mano - con   b) la mano - con

c) su brazo - por   d) la mano - en

12. 다음 단어들을 배열하여 문장으로 완성하시오.

> ① que   ② España   ③ Entre las cosas   ④ sobre
> ⑤ hago   ⑥ algo   ⑦ todas las noche   ⑧ leo

a) ⑦-⑧-⑥-④-②-③-①-⑤
b) ①-⑤-③-⑦-⑧-⑥-④-②
c) ③-①-⑤-⑦-⑧-⑥-④-②
d) ⑧-⑥-④-②-⑦-③-①-⑤

13. 다음 줄친 부분에 알맞는 말은?

> A : ¿Quieres ir a la playa _____ , Teresa?
> B : No, quiero ir _____ Elena.

a) sola - a   b) sólo - para

c) solo - a   d) sola - con

14. "까르멘은 새 옷을 입는다"란 문장을 바르게 번역한 것은?
    a) Carmen pone su traje nueva.
    b) Carmen se queda el nuevo traje.
    c) Carmen se pone un vestido nuevo.
    d) Carmen se veste un vestido nuevo.

15. "서울역에는 어떻게 갑니까?"에 해당되는 문장은?
    a) ¿Por dónde se llega a la Estación de Seúl?
    b) ¿Cómo llegamos la Estación de Seúl?
    c) ¿Donde encuentra la Estación de Seúl?
    d) ¿Cómo puedo estar a la Estación de Seúl?

16. "이 넥타이는 당신에게 잘 어울립니다"의 번역으로 적당하지 않은 것은?
    a) Le sienta bien esta corbata.
    b) Le queda bien esta corbata.
    c) Le gusta bien esta corbata.
    d) Le va bien esta corbata.

17. 다음 중 다른 셋과 의미가 다른 것은?

    a) ¿A cuántos estamos hoy?

    b) ¿Qué fecha es hoy?

    c) ¿Qué día es hoy?

    d) ¿A qué estamos hoy?

18. 다음중 무인칭 동사 hay가 틀리게 쓰인 문장은?

    a) Aquí hay un libro.

    b) ¿Dónde hay un hotel?

    c) Habían diez alumnos en el salón

    d) Ayer hubo clases.

Examen ❷

1. 다음 중 관사가 잘못 표기된 낱말을 고르시오.
   a) El lápiz
   b) La pluma
   c) La mapa
   d) La mano

2. 다음 중 낱말의 짝이 잘못된 것을 고르시오.
   a) hombre / mujer
   b) yerno / nuera
   c) león / leonesa
   d) macho / hembra

3. 다음 중 복수형이 잘못된 것을 고르시오.
   a) las paraguas
   b) los lápices
   c) los caracteres
   d) los jovenes

4. 다음 중 과거분사형이 잘못된 것을 고르시오.
   a) decir - dicho
   b) abrir - abierto
   c) podir - podido
   d) descubrir - decripto

5. 다음 중 표현이 잘못된 것을 고르시오.
   a) por cierto
   b) sin duda
   c) ¡Como no!
   d) de ningún modo

6. 다음 중 틀린 문장을 고르시오.
   a) Tengo un coche.
   b) El español es lengua romance.
   c) Es la una.
   d) Lleva la cara sucia.

7. 다음 중 poner의 표현으로 잘못된 것을 고르시오.
   a) Me pongo el abrigo.
   b) Pon la mesa.
   c) Ponte bien.
   d) Puse a gritar.

8. 다음에서 시간의 표현 중 잘못된 것을 고르시오.
   a) Hoy es martes.   b) Ayer fue viernes.
   c) Se casó el lunes.   d) Mañana es domingo.

9. 다음 물음에 알맞는 답을 고르시오.

   > La máxima autoridad académica de una Universidad
   > es el _____ .

   a) rector
   b) decano
   c) supervisor
   d) perfecto

10. 다음 물음에 알맞는 답을 고르시오.

    > La Nochevieja se celebra la noche del _____ .

    a) 25 de diciembre   b) 24 de diciembre
    c) 31 de diciembre   d) 30 de diciembre

※ 다음의 대화가 가능하도록 알맞은 표현을 고르시오.

11. ¿Cómo se saluda en Año Nuevo?
    a) ¡Salud!   b) ¡Feliz Año Nuevo!
    c) ¡Bien Año Nuevo!   d) ¡Caramba!

12. Estoy resfriado.
    a) ¿Te vas?   b) ¿Cómo quieres?
    c) ¿Va a ir al dentista?   d) ¿Cómo te sientes?

13. ¿Recién llegas?
    a) Sí, no he podido venir antes.
    b) No, no he podido venir antes.

c) Sí, he podido venir antes.

d) No, acabo de llegar.

14. Quiero verte a las tres.

    a) ¿Por dónde pasas a las tres?

    b) ¿Cómo vas a las tres?

    c) ¿Dónde nos quedamos?

    d) ¿A qué hora se encuentra?

※ 다음 대화의 물음에 가장 적합한 대답을 고르시오.

15. ¿Qué tiempo hace hoy?

    a) Hace lluvia.   b) Hace nieve.

    c) Hace muy calor.   d) Hace fresco.

16. ¿En qué puedo servirle?

    a) Sírvase.   b) Me gusta servirle.

    c) Necesito una corbata.   d) Buen provecho.

17. ¿Qué desea tomar de postre?

    a) un sello   b) una entrada

    c) un helado   d) un paseo

18. ¿Me sienta bien el traje?

    a) Lo siento mucho.

    b) De nada. Me siento bien.

    c) Sí, le sienta muy bien.

    d) Sí, me siento aquí.

Examen ❸

1. 다음 중 남성과 여성의 형태가 틀린것은?
   a) el hombre/ la mujer   b) el caballo/la yegua
   c) el emperador/ la emperadora d) el gallo/ la gallina

2. 다음 중 관사의 용법이 맞는 것은?
   a) El águila es un ave grande.   b) El agua es frío.
   c) Las programas son interesantes. d) Yo hablo el español.

3. 다음 문장의 빈칸에 들어갈 적당한 전치사는?

   > Aquí hay una carta (   ) usted. Es de Juan.
   > ¿Puede usted asistir a la reunión (   ) él?
   > El no puede hacerlo porque está enfermo.

   a) con - para   b) de - a
   c) para - por   d) por - para

4. 다음 문장중 빈칸에 알맞는 단어는?

   > La nieve (   ) fría, pero el fuego (   ) caliente.
   > Yo (   ) frío, pero María (   ) calor.

   a) es - es - estoy - está   b) está - está - estoy - está
   c) es - está - soy - es   d) es - es - tengo - tiene

5. 다음 중 맞는 문장은?
   a) Hay doscientos fotos en la clase.
   b) Marzo es el tercero mes del año.
   c) ¿Qué hora es? — Es la una y medio.
   d) Tú tienes cien libros en casa.

6. 다음 중 틀린 문장은?

   a) Mi mamá me levanta todos los días.

   b) ¿Sabe usted Madrid?

   c) Tengo las manos frías.

   d) Amparo dice que está contenta.

7. 다음 문장에서 틀린 명령문을 고르시오.

   a) Dimelo pronto. b) Vamos a comer.

   c) Pon el libro en la mesa. d) Ven acá.

8. 다음 중 나머지 세개와 그 뜻이 다른 것은?

   a) Duermo sólo cinco horas.

   b) No duermo más que cinco horas.

   c) Duermo solamente cinco horas.

   d) Duermo más o menos cinco horas.

9. 다음 중 틀린 표현의 문장은?

   a) Yo conozco conducir.

   b) Juan y María están malos ahora.

   c) Hoy es el cumpleaños de Teresa.

   d) Había muchas flores en el jardín.

10. 다음 중 맞는 문장은?

   a) Muchas gracias para todo.

   b) Luchamos por la patria.

   c) No me acuerdo en su nombre.

   d) Ella te enseña nadar.

11. "너희들은 이름이 무엇이지?"에 맞는 문장은?

   a) ¿Cuál es vuestro nombres?

   b) ¿Qué es vuestros nombres?

   c) ¿Cómo os llamáis? d) ¿Cómo se llaman?

12. ."당신의 구두는 무슨 색입니까?"에 해당되는 말은?

    a) ¿Qué color tiene sus zapatos?

    b) ¿En qué color está sus zapatos?

    c) ¿A qué color es su zapato?

    d) ¿De qué color son sus zapatos?

13. 밑줄에 알맞는 답을 고르시오.

> La máxima autoridad del país es el _____

    a) monarca   b) jefe de Estado

    c) supervisor   d) primer secretario

14. 전화에서 상대방에게 "누구시지요?"에 해당되지 않는 말은?

    a) ¿De parte de quién?

    b) ¿Por qué llama a esta hora?

    c) ¿Con quién tengo el gusto de hablar?

    d) ¿Quién llama?

15. "Sí, quiero un té"란 대답을 위한 질문은?

    a) ¿Quiere usted un café y té?

    b) ¿Cuál prefiere usted: un café o té?

    c) ¿No quiere usted un té?

    d) ¿Por qué quiere usted un té?

16. "난 배고파 죽겠다!"에 해당되는 문장은?

    a) Quiero morirme con hambre.

    b) ¡Muerome con hambre!

    c) ¡Estoy muriéndome de hambre!

    d) ¡Soy muerto de la hambre!

17. 다음 물음에 알맞는 답을 고르시오.

> Cuando llamamos por teléfono, suele decir primero
> :_____

a) Oiga

b) Diga

c) ¿Quién es Vd.?

d) Habla

18. 다음 물음에 알맞는 답을 고르시오.

> ¿Qué se puede tomar en España como "tapas"?

a) aceite

b) café

c) cerveza

d) chorizo

Examen ❹

1. 다음 중 복수형이 틀린 것은?
   a) mes-meses
   b) café-cafés
   c) rubí-rubís
   d) martes-martes

2. 단어의 마지막 음절에 악센트가 있는 것은?
   a) examen
   b) viernes
   c) Alemania
   d) universidad

3. 다음 물음에 대한 틀린 대답은?

¿Cómo es tu hermana?

   a) Es rubia.
   b) Es alta.
   c) Está contenta.
   d) Es bonita y simpática

4. 다음 물음에 대해 맞는 대답은?

¿Qué tienes en la mano?

   a) Tengo un libro y dos lápices.
   b) No tengo algo en mi mano.
   c) Sí, tengo el libro.
   d) Tenemos nada en la mano.

5. 다음 줄친 부분에 알맞는 말은?

   A : ¿____ no vienes _____ buscarme _____ mediodía?
   B : No puedo. _____ yo estoy demasiado ocupado.

a) Para qué-a-a-porque

b) Por qué-para-de-Porque

c) Por qué-para-al-de manera que

d) Por qué-a-al-Porque

6 .

> A : ¿_____ quién es este libro?
>
> B : Es mío, profesor.

a) Para   b) De

c) Con   d) Por

7. 다음의 문장에서 목적대명사가 바르게 표현된 것은?

> Yo siempre le digo la verdad a ella.

a) Yo siempre le la digo.

b) Yo siempre se la digo.

c) Yo siempre la le digo.

d) Yo siempre se lo digo.

8. 다음 중 틀린 문장은?

a) Tú tienes mucho hambre, ¿verdad?

b) Tengo veintiún años.

c) Nos gusta mucho el fútbol.

d) El hielo es frío.

9. [112개의 펜들]을 바르게 표현한 것은?

a) ciento y doce plumas

b) cienta y doce plumas

c) ciento diez y dos plumas

d) ciento doce plumas

10. 다음 중 직설법 현재의 2인칭 복수형이 틀린 것은?

    a) dormir - dorméis

    b) pasar - pasáis

    c) mentir - mentís

    d) comprender - comprendéis

11. "그는 식탁에 앉는다"가 바르게 번역된 것은?

    a) Sienta en la mesa.   b) Se sienta a la mesa.

    c) Síentese a la mesa.   d) Se siente sobre la mesa.

12. "721권의 공책"을 바르게 표현한 것은?

    a) sietecientos veintiuno cuadernos

    b) sietecientos veintiun cuadernos

    c) setecientos veintiún cuadernos

    d) setecientos veintiun cuadernos

13. 다음 문장 중 문법적으로 맞는 것은?

    a) María pone su traje nueva.

    b) María está puesto el nuevo traje.

    c) María se viste un vestido nuevo.

    d) María se veste un nuevo vestido.

14. 다음 단어들을 배열하여 문장으로 완성하시오.

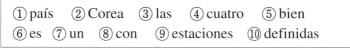

    ① país ② Corea ③ las ④ cuatro ⑤ bien
    ⑥ es ⑦ un ⑧ con ⑨ estaciones ⑩ definidas

    a) ② - ⑥ - ⑧ - ③ - ④ - ⑨ - ⑤ - ⑩ - ⑦ - ①

    b) ⑦ - ① - ⑧ - ⑨ - ⑩ - ⑤ - ③ - ④ - ② - ⑥

    c) ② - ⑥ - ⑦ - ① - ⑧ - ③ - ④ - ⑨ - ⑤ - ⑩

    d) ② - ⑥ - ⑦ - ① - ⑧ - ③ - ⑤ - ⑩ - ④ - ⑨

15. "나는 손이 시리다"에 알맞는 문장은?
    a) Tengo las manos frías.   b) Mis manos son frías.
    c) Mis manos están fríos.   d) Mis manos tienen fríos.

16. "나는 너를 그리워 할거야"의 스페인어 표현은?
    a) Voy a verte mucho.
    b) Pienso en ti muchísimo.
    c) Te echaré mucho de menos.
    d) Quiero verte muchísimo.

17. 다음에서 틀린 문장은?
    a) Carlos tiene siete o ocho lápices.
    b) El café está muy caliente. No puedo tomarlo.
    c) Hoy es sábado, 18 de septiembre.
    d) Hace un tiempo agradable en otoño.

18. 다음 2인칭 명령형이 틀린 문장을 고르시오.
    a) ¡Ten cuidado!   b) ¡Pon el abrigo!
    c) ¡Vete a casa!   d) ¡Sé buen chico!

정   답

	Examen1	Examen2	Examen3	Examen4
1	c	c	c	c
2	a	c	a	d
3	c	d	c	c
4	a	d	d	a
5	d	c	d	d
6	d	b	b	b
7	a	d	a	b
8	d	c	d	a
9	a	a	a	d
10	b	c	b	a
11	d	b	c	b
12	c	d	d	c
13	d	a	b	c
14	c	c	b	c
15	a	d	c	a
16	c	c	c	c
17	c	c	a	a
18	c	c	d	b

▌약 력

저자 ㅣ朴哲

- 한국외국어대학교 서반아어과 및 同대학원 졸업
- 스페인 국립 마드리드대학교(문학박사)
- 미국 하바드대학교 로망스어학부 교환교수
- 스페인 문화훈장 기사장(Orden de Caballero) 받음
- 현재 : 한국외국어대학교 서반아어과 교수
  동대학 연구처장, 외국문학연구소장 역임
- 저서 : 「에스파냐어 Ⅰ·Ⅱ」(6차, 7차 고등학교 교과서-(주)진명출판사)
  「에스파냐어, 문법, 작문, 회화, 강독, 문화, 실무, 청해」
  (고등학교 국정교과서-2002년 교육인적자원부)
  「서반아 문학사」(상·중·하) (1994년 송산출판사)
  「세스뻬데스」: 한국 최초 방문 서구인 (1987년 서강대 출판부)
  「Testimonios literarios de la labor cultural de las
  misiones expanolas en el Extremo Oriente」
  (1986년 스페인 외무성 출간)
- 역서 : 「세르반테스의 모범 소설-집시 여인 외 5권」(오늘의 책)
  「한국 천주교 전래의 기원」(서강대 출판부)
  「스페인 역사 : 서한대역본」(삼영서관)
  「착한 성인 마누엘 : 우나무노」(1995년 한국외대 출판부)
- 논문 : 「비센떼 블라스꼬 이바네스가 본 한국」
  「16세기 서구인의 눈에 비친 한국」
  「로뻬·데·베가의 작품에 나타난 일본」
  「세르반테스의 소설에 나타난 계몽주의적 페미니즘」
  「스페인 문학에 미친 아랍의 영향에 관한 연구」외 다수

독학 스페인어 첫걸음 1

초 판 인 쇄 | 1993년 6월 15일
19쇄 발 행 | 2020년 1월 30일

저　　　자 | 박 철
발 행 인 | 안광용
발 행 처 | ㈜진명출판사
등　　　록 | 제10-959호(1994년 4월 4일)
주　　　소 | 서울시 마포구 양화로 156, 1624호(동교동, LG팰리스빌딩)
전　　　화 | 02) 3143-1336 / FAX 02) 3143-1053
홈 페 이 지 | http://www.jinmyong.com
이 메 일 | book@jinmyong.com
마 케 팅 | 박용철
인　　　쇄 | 삼신문화